総合判例研究叢書

刑　法(14)

賄賂の概念……………………………内　藤　謙

有　斐　閣

序

フランスにおいて、自由法学の名とともに判例の研究が異常な発達を遂げているのは、その民法典が百五十余年の齢を重ねたからだといわれている。それに比較すると、わが国の諸法典は、まだ若い。最も古いものでも、六、七十年の年月を経たに過ぎない。しかし、わが国の諸法典は、いずれも、近代的法制を全く知らなかつたところに輸入されたものである。そのことを思えば、この六十年の間に極めて重要な判例の変遷があつたであろうことは、容易に想像がつく。事実、わが国の諸法典は、それに関連する判例の研究でこれを補充しなければ、その正確な意味を理解し得ないようになつている。

判例が法源であるかどうかの理論については、今日なお議論の余地があろう。しかし、実際問題として、多くの条項が判例によつてその具体的な意義を明かにされているばかりでなく、判例によつて特殊の制度が創造されている例も、決して少くはない。判例研究の重要なことについては、何人も異議のないことであろう。

判例の創造した特殊の制度の内容を明かにするためにはもちろんのこと、判例によつて明かにされた条項の意義を探るためにも、判例の総合的な研究が必要である。同一の事項についてのすべての判決を探り、取り扱われる事実の微妙な差異に注意しながら、総合的・発展的に研究するのでなければ、判例の研究は、決して終局の目的を達することはできない。そしてそれには、時間をかけた克明な努力を必要とする。

幸なことには、わが国でも、十数年来、そうした研究の必要が感じられ、優れた成果も少くないようになつた。いまや、この成果を集め、足らざるを補ない、欠けたるを充たし、全分野にわたる研究を完成すべき時期に際会している。

かようにして、われわれは、全国の学者を動員し、すでに優れた研究のできているものについては、その補訂を乞い、まだ研究の尽されていないものについては、新たに適任者にお願いして、ここに「総合判例研究叢書」を編むことにした。第一回に発表したものは、各法域に亘る重要な問題のうち、研究成果の比較的早くでき上ると予想されるものである。これに洩れた事項でさらに重要なもののあることは、われわれもよく知つている。やがて、第二回、第三回と編集を継続して、完全な総合判例法の完成を期するつもりである。ここに、編集に当つての所信を述べ、協力される諸学者に深甚の謝意を表するとともに、同学の士の援助を願う次第である。

昭和三十一年五月

編集代表
小野清一郎　宮沢俊義
末川　博　我妻　栄
中川善之助

凡　例

一　判例の重要なものについては、判旨、事実、上告論旨等を引用し、各件毎に一連番号を附した。

二　判例年月日、巻数、頁数等を示すには、おおむね左の略号を用いた。

大判大五・一一・八民録二二・二〇七七　（大審院判決録）
（大正五年十一月八日、大審院判決、大審院民事判決録二十二輯二〇七七頁）
大判大一四・四・二三刑集四・二六二　（大審院判例集）
最判昭二二・一二・一五刑集一・一・八〇　（最高裁判所判例集）
（昭和二十二年十二月十五日、最高裁判所判決、最高裁判所刑事判例集一巻一号八〇頁）
大判昭二・一二・六新聞二七九一・一五　（法律新聞）
大判昭三・九・二〇評論一八民法五七五　（法律評論）
大判昭四・五・二二裁判例三刑法五五　（大審院裁判例）
福岡高判昭二六・一二・一四刑集四・一四・二一一四　（高等裁判所判例集）
大阪高判昭二八・七・四下級民集四・七・九七一　（下級裁判所民事裁判例集）
最判昭二八・二・二〇行政例集四・二・二三一　（行政事件裁判例集）
名古屋高判昭二五・五・八特一〇・七〇　（高等裁判所刑事判決特報）
東京高判昭三〇・一〇・二四東京高時報六・二民二四九　（東京高等裁判所判決時報）
札幌高決昭二九・七・二三高裁特報一・二・七一　（高等裁判所刑事裁判特報）
前橋地決昭三〇・六・三〇労民集六・四・三八九　（労働関係民事裁判例集）

その他に、例えば次のような略語を用いた。

裁判所時報＝裁　時　　家庭裁判所月報＝家裁月報

判例時報＝判　時　　判例タイムズ＝判　タ

目次

賄賂の概念

内藤　謙

賄賂の概念

内藤　謙

はしがき

本稿では、賄賂の概念にかんする判例理論を総合的・発展的に研究しようとこころみた。学説の見解にも若干ふれているが、判例の理解にとって必要と思われる範囲にとどめてある。

賄賂罪については、さらに、賄賂性の認識・贈収賄行為・賄賂の没収追徴などの問題がのこされている。これらの問題は、「賄賂の概念」というあたえられたテーマからはなれるので、本稿では直接にとりあげなかった。

未熟な点も多いと思われるが、大方の御批判を仰いで、他日補正する機会をもちたいと願っている。

一　序説

一　賄賂罪の構成要件と「賄賂」の概念

「賄賂」は、収賄行為の客体、もしくは贈賄行為の手段として、賄賂罪の中心になる概念である。「賄賂」の概念は、刑法典に規定されている賄賂罪においてのみ用いられているのではない。経済関係罰則ノ整備ニ関スル法律二条・破産法三八〇条・証券取引法二〇三条等の賄賂罪にかんする多くの特別規定においても「賄賂」の概念が用いられている（なお、商品取引所法一五四条・土地改良法一四〇条等は、「賄ろ」と書きあらわし、石油資源開発株式会社法二一条は、「わいろ」と書きあらわしている。ただし、商法四九三条、有限会社法八一条等の取締役等の瀆職罪の規定においては、その客体として、「財産上ノ利益」の概念が用いられていることに注意しなければならない。ちなみに、賄賂罪の客体として、ドイツ刑法は ,,Geschenke oder andere Vorteile'' の語を用い（三三一条—三三四条参照）、フランス刑法は《dons ou presents》の語を用いる（一七七条・一七八条参照）。英米法においては、bribe, gift, consideration 等の語が、賄賂罪の客体をあらわしている。cf. Kenny, Outlines of Criminal Law, 17th ed., P. 371—372; Clark and Marshall, A Treatise on the Law of Crimes, 6th ed., P. 900—915）

「賄賂」とは、「職務に関する行為に対する不法な報酬」（小野・新訂刑法講義各論昭二四・五四頁）をいうとされてきた。それは、また、「職務行為に関する不法な報酬」（滝川・刑法各論昭二六・二五四頁）・「職務に関する行為の対価としての不法の利益」（団藤・刑法昭三〇・二五〇頁）などとも表現された。

ところで、刑法一九七条一項前段は、「公務員又ハ仲裁人其職務ニ関シ賄賂ヲ収受シ又ハ之ヲ要求若クハ約束シタルトキハ……」と規定し、「賄賂」と「職務ニ関シ」とを、法文のうえでは分離して表現している。このような形式は、現行法の賄賂罪にかんする規定においてとられるところであるが、これは、旧刑法二八四条が「官吏人ノ嘱託ヲ受ケ賄賂ヲ収受シ又ハ之ヲ聴許シタル者ハ……」と規定し、「賄賂」の概念のうちに、職務に関することをもふくめていたのとは、異なっている（ただし、旧刑法も、二八五条では「民事ノ裁判ニ関シテ賄賂ヲ収受シ……」と規定し、また、二八六条では「刑事ノ裁判ニ関シテ賄賂ヲ収受シ……」と規定し、職務関係と賄賂とを分離して表現している）。しかし、いずれの表現形式を用いても、「賄賂」の概念にとって、職務との関連性が重要な意味をもつことは、否定できないであろう。

なお、あらたに立法された斡旋収賄罪の規定（刑法一九七条ノ四）においては、「他ノ公務員ヲシテ其職務上不正ノ行為ヲ為サシメ又ハ相当ノ行為ヲ為サザラシム可ク斡旋ヲ為スコト又ハ為シタルコトノ報酬」が「賄賂」とされている。したがって、ここでは、収賄する公務員の職務と直接の関係をもたない斡旋行為に対する不法な報酬が「賄賂」とよばれている。それゆえ、斡旋収賄罪における「賄賂」の概念をも統一的に理解しようとすれば、「賄賂」についてのこれまでの定義を、そのままに維持することには疑問が生じるであろう。ただしかし、斡旋収賄罪の規定が客体として「賄賂」の概念を用いたことは、公務員の地位と全く関連性のない・たんなる個人関係を利用した斡旋行為を、処罰の対象から除く趣旨をもつとみるべきであろう（江家義男「暴力および斡旋収賄に関する刑法および刑事訴訟法の一部改正について」ジュリスト一五一号・四〇頁参照。なお、植松教授は、「公務員たることが構成要件になっている」ことを論拠として、おなじ結論をとられる。同増訂刑法概論Ⅱ各論昭三四・七一頁）。

二　賄賂罪の本質と「賄賂」の概念

ここで、賄賂罪の本質について、「賄賂」の概念との関連に注目しながら簡単にふれておこう。

（一）　賄賂罪については、二つの基本的法思想があるといわれる。その一つは、ローマ法に由来するとされる思想で、「賄賂」は職務行為の対価であれば足り、職務義務に違反する行為の対価であることを必要としないという見解である。他の一つは、ゲルマン法に由来するとされる思想で、「賄賂」は職務義務に違反する行為の対価であるという見解である（Vgl. Binding, Lehrbuch des gemeinen deutschen Strafrechts, 2. Bd., S. 712 ff.; Sauer, System des Strafrechts, Besonderer Teil, S. 514 f.; Maurach, Deutsches Strafrecht, Besonderer Teil, 2. Aufl., S. 620 f.）。

わが国の刑法は、多くの立法例とおなじように、義務違反をともなわない職務行為にかんしても収賄罪の成立をみとめ、職務行為が義務違反をともなうばあいには刑を加重するから、右の二つの考え方を併用していると解されている（団藤・刑法昭三〇・二五〇頁、江家・刑法各論昭三一・六三頁参照）。

（二）さらに、賄賂罪の保護法益をどのように理解するかについての問題がある。その保護法益を職務行為の純粋性（Reinheit der Amtshandlung）、すなわち職務義務の不可侵性（Unverletzlichkeit der Amtspflicht）に求める見解と、それを職務行為の無償性、すなわち不可買収性（Unentgeltlichkeit, Unkäuflichkeit der Amtshandlung）に求める見解とが対立するとされる。そして、前者を代表するのはビンディングであり、後者を代表するのはビルクマイヤーである（このような対立は、ビルクマイヤーによって、明白に指摘された。Birkmeyer, VDB. 9. Bd., S. 311）

わが国においても、右のようなドイツの学説の影響をうけて、賄賂罪の法益について学説が分れている。それを職務行為の純粋性、もしくは公正にもとめる見解をとる学者としては、大場茂馬博士（刑法各論下巻大七・六七二頁）、泉二新熊博士（日本刑法論各論昭一四・四六九頁）、宮本英脩博士（刑法大綱昭一〇・五一九頁）、吉田常次郎教授（「瀆職罪に関する若干の考察」刑事法判例研究昭三一所収・二六八、二六九頁）等がある。また、賄賂罪の法益を職務行為の不可買収性に求める見解をとる学者としては、滝川幸辰博士（「賄賂罪の若干問題」公法雑誌二巻一号昭一一・五七—五八頁。ただし、博士は、刑法各論昭二六・二五二頁以下においては、この問題にふれておられない。）、木村亀二教授（刑法各論昭三二復刊版・二八八頁。ただし、博士も、「公務員又は仲裁人の職務行為の不可買収性を保護することによって其の職務の純粋性が保護せられることは謂ふまでもない」とされる）、定塚道雄教授（賄賂罪昭二九・一五頁）等がある（なお、賄賂罪の本質については、安平政吉「賄賂罪の本質についての再吟味」刑法雑誌五巻二号・一六一—二五頁参照）。

賄賂罪の法益を職務行為の不可買収性にもとめる見解の重要な根拠は、(1)義務違反をともなわない正当な職務行為に対する報酬をも「賄賂」と解しなければならないということにあった(この根拠は、ビルクマイヤーによって明白に主張された。Birkmeyer, a. a. O., S. 311 木村教授、定塚教授も、この点を根拠とされる。それぞれ前掲書参照)。さらにまた、ビルクマイヤーは、この見解をとることによって、(2)職務執行後に収益した利益も「賄賂」となることが説明しうると主張した。このばあいも、収賄者は職務行為を売って利益を得たことになるからというのである(Birkmeyer, a. a. O., S. 313, 338 ff.)そして、職務行為の不可買収性を賄賂罪の法益とする見解は、賄賂罪の本質を職務義務に対する違反にもとめようとするビンディングの見解に対立する意味をもつていた。ビンディングの見解によれば、(1)正当な職務行為に対する報酬を「賄賂」とすることについて疑問が生じ、また、(2)職務執行後に収受された利益を「賄賂」とみることが否定されるからである(Vgl. Binding, a. a. O., S. 713f., 730)。

ところで、わが国の学説が職務行為の純粋性、もしくは公正を賄賂罪の法益とするばあいには、この職務行為の公正という意味は、職務義務に違反しないことよりも広く解されている。すなわち、職務執行そのものの公正だけではなく、職務の公正に対する社会の信頼をも、そのうちにふくめて考えているといえよう(このような趣旨は、たとえば大場・前掲六七二頁、泉二・前掲・四七四頁にあきらかにあらわれている。なお、マウラッハも、「職務執行に対する社会一般の信頼」を賄賂罪の法益とする。a. a. O., S. 613, 621.)。したがって、職務行為の公正を賄賂罪の法益とする学説も、(1)職務義務違反をともなわない正当な職務行為に対する報酬も「賄賂」であり、また、(2)職務執行後に授受された利益も「賄賂」であることを説明しうると解している。これらのばあいも、職務の公正に対する社会の信頼をそこなうことになるというのが、その根拠となる(大場・前掲六八三頁、泉二・前掲四七三―四七四頁、宮本・前掲五二〇頁。以上の諸説は、いずれも(1)(2)の結論をみとめる。ただし、吉田教授のみは、正当行為に対する事後の収賄をみとめることに疑問を示される。このばあいは、「世人の信頼を害することが、さのみ大ではない」とされるのである。吉田・前掲二六五頁。）。

したがって、賄賂罪の法益を職務行為の不可買収性にもとめる見解が、その根拠とした二つの点に関するかぎり、わが国においては、いずれの見解をとっても、実質的に差異のない結論になるといえよう。

（三）　判例は賄賂罪の法益を、職務執行の公正と職務の公正に対する社会の信頼とにもとめている。このことを示す判例は数多く存在するが、そのうち代表的なものとして、つぎの【1】をあげよう。そのほか、のちにあげる【28】【30】【42】【43】等の判例も、表現はやゝ異なるものもあるが、同趣旨の見解を示している。判例も、わが国の通説とおなじように、職務執行の公正だけではなく、職務の公正に対する社会の信頼をも賄賂罪の法益とすることによって、正当な職務行為に対する利益の授受、職務執行後の利益の授受についても、賄賂罪の成立をみとめているのである。

【1】　「法カ収賄罪ヲ処罰スル所以ハ公務員ノ職務執行ノ公正ヲ保持セントスルニ止ラス職務ノ公正ニ対スル社会ノ信頼ヲモ確保セントスルニ在レハ被告人X及Yカ原判示ノ如ク其ノ職務ニ関シ他ノ被告人等ヨリ賄賂ヲ収受シタルニ於テハ縦令之カ為ニ各生徒カ正当ノ代価ヲ以テ一定ノ日時迄ニ所要ノ教科書ヲ整フルヲ得ルコトニ付何等ノ障害ヲ与ヘサリシトスルモ中学校教務主任ノ職務上ノ公正ニ対シ社会ノ信頼ヲ傷フコト多大ニシテ所論ノ如ク何等ノ被害法益ナキモノト謂フヘカラス」（大判昭六・八・六刑集一〇・四一二【3】と同一判例）。

二　賄賂と職務との関連性

一　問題の所在

賄賂罪についての規定においては、「職務ニ関シ賄賂ヲ収受シ……」という表現によって、賄賂と職務との関連性、すなわち賄賂と職務との対価的関係があらわされている。

ところで、「職務」の概念は、一般的にいえば、国または公共団体その他の団体の役員・職員または機関がその団体のために担当処理する事務を意味する。そして、とくに公務員の職務は、法律上、重要な意味をもつことが多い(たとえば、国家公務員法二九条二項・六二条一項・九八条一項、刑法九五条一項・一九五条一項、国家賠償法一条一項等参照)。これらのばあい、「職務」の範囲は、それぞれの法条の趣旨によって同一とはいえないが、その範囲が法令の規定によって決定されるべきことはいうまでもない(たとえば、国家公務員法一〇五条参照)。賄賂と関連性をもつ「職務」についても、原則としては、この点に差異はない。ただ、賄賂罪においては、職務の公正を保護しようとする法の趣旨から、「職務」の範囲が問題とされるのであり、公務員等の国民に対する権限の限界をあきらかにするために、もしくは、行政官庁相互間の権限の限界を確定するために、「職務」の範囲が問題とされるのではない。このことから、賄賂と関連する「職務」の特色が生れる。さらにまた、法文のうえからみても、賄賂罪の「職務ニ関シ」という文言は、「職務ヲ執行スルニ当リ」(刑法九五条一項)・「職務を行うについて」(国家賠償法一条一項)などの文言とは異なっている。この点からも、賄賂罪における「職務」の特色が生れる可能性がある。

それでは、判例は、賄賂と職務との関連性を、どのように把握しているであろうか。この問題に答えるためには、まず、判例が「職務」の範囲をどのように理解しているかをあきらかにしなければならない。ところが、判例は、法文にいう「職務ニ関シ」とは、本来の職務行為に関するばあいのほかに「職務執行と密接な関係のある行為」に関するばあいもふくまれると解している。そして、この「職務執行と密接な関係のある行為」の概念は、多くの問題をふくんでいるので、それについては、さらに、独立した項目でとりあげることにする(七五頁以下)。そこで、ここでは、判例が右の概念を用いることなく「職務」の範囲にぞくしていると解しているばあいについて考察しよう。

二 法令による規定と「職務」

賄賂と関連する「職務」の範囲は、すでに述べたように、まず、法令の規定によって決定される。そして、法令の明文によって職務にぞくするとみとめられるばあいは、とくにとりあげるべき問題を生じない。しかし、判例は、法令の明文によっては職務の範囲にぞくするとみとめることに疑問があるばあいにも、何らかの理由によって、賄賂と関連する「職務」の存在を肯定していることがある。

(一) たとえば、つぎにあげる判例【2】は、巡査がその上官の命をうけ治安維持のため地主と小作人間の争議の状況を視察し、この調停を試み、当事者をして任意にその争議を解決させるのは、その職権事項に属するとして、右の行為にかんして収賄罪の成立をみとめた。この判例は、一方において、「巡査ハ公事出入等ニ一切関係スヘカラサルモノナルコトハ……行政警察規則ノ明定スル所ナリ」とみとめながら、他方において、治安維持の目的と上官の命をうけたことを重要視して、「職務」の存在をみとめたのである。

【2】 「凡ソ行政警察ノ趣意タル人民ノ兇害ヲ予防シ安寧ヲ保全スルニ在リテ巡査ノ職務ノ目的トナスヘキ事項及巡査ハ公事出入等ニ一切関係スヘカラサルモノナルコトハ論旨所掲ノ如ク行政警察規則ノ明定スル所ナリト雖巡査ハ一般ノ警察事務ニ関スル補助機関ナレハ苟モ安寧秩序ヲ紊シ又ハ犯罪ヲ為ス虞アル場合ニ

巡査カ其ノ上司ノ命ニ依リ予メ之ヲ防止スヘキ策ヲ講シ以テ治安ヲ維持スルハ其ノ職務ノ範囲ニ属スルモノト謂ハサルヘカラス然リ而シテ警察官カ地主及小作人間ノ争議ニ干渉シ之カ調停解決ヲ為スカ如キハ素ヨリ其ノ固有ノ職務ニ非スト雖若シ此ノ種ノ争議ノ発生スルニ際リ之ヲ放任セン乎争論益々熾烈ニ赴キ勢ノ激スルトコロ遂ニ治安警察法第十七条第二項其ノ他ノ違反者ヲ醸成シ又ハ安寧秩序ヲ紊スニ至ル虞アリト認ムル場合ニ於テ其ノ状況ヲ視察シ機宜ニ応シ別ニ強制力ヲ用キルコトナク其ノ間ニ介在シテ之カ調停ヲ試ミ当事者ヲシテ任意ニ其ノ争議ヲ解決セシメ以テ犯罪ヲ未然ニ防止シ安寧秩序ヲ保ツカ如キハ治安維持ノ目的ニ適合スル所以ニシテ警察官ノ職権事項ニ属スルモノト解スルヲ相当ナリト認ム」（大判大一三・一・二九刑集三・三一）。

さらに、つぎの判例【3】は、公立中学校教諭の職務は、主として生徒の教育それ自体にあることはあきらかであるが、教科書販売店の指定およびその販売すべき教科書の割当の事務も、生徒の教育に関する事務であり、また学校長がその権限にもとづき教諭に担当させた事務である以上、その職務にぞくするとしている。

【3】「公立中学校教諭ノ職務ハ主トシテ生徒ノ教育其レ自体ニ在ルコト明ナレトモ生徒ノ教育ニ関連スル事務ニシテ学校長カ其ノ権限ニ基キ教諭ニ管掌セシムル事務モ亦其ノ職務ニ属スルモノトス而シテ中学校生徒ヲシテ一定ノ時期ニ所要ノ教科書ヲ整ヘシムヘキ適当ノ処置ヲ講スルコトハ生徒ノ教育ニ関スル事務ナルヤ論ヲ俟タサル所ニシテ原判決ニ所謂教科書販売店ノ指定及其ノ販売スヘキ教科書ノ割当ハ叙上ノ事務ニ外ナラサルコト原判文上之ヲ推知スルニ難カラサルヲ以テ該事務カ教諭タル被告人X及Yノ職務ニ属スルヤ否ハ学校長カ其ノ権限ニ依リ同被告人等ニ管掌セシメタルヤ否ニ依リ決セラルヘキ事実上ノ問題ニシテ所論ノ如ク単純ナル法令ノ解釈ノミニ依リテ決セラルヘキモノニ非ス然レハ原判決カ所論ノ各証人訊問書中ノ記載ニ依リ該事務ハ同被告人等ノ職務ニ属スルモノト認定シタルハ固ヨリ相当ニシテ所論ノ如キ違法アルモノニ非ス論旨理由ナシ」（大判昭六・八・六刑集一〇・四一二【1】と同一の判例）。

この判例は、本来の職務と関連する事務であるとともに、上司の権限にもとづき管掌せしめられたことを理由として、被告人の本件行為をその職務にぞくするとしたものである。

さらに、つぎの判例【4】は、青森刑務所作業技手が同刑務所長の特命により同刑務所所要の印刷用紙を購入するのは、その職務にぞくするとしている。

【4】「原判示ニヨレハ被告人ハ判示日時青森刑務所ノ作業技手トシテ同刑務所ニ於ケル印刷作業ノ教導ニ当ル傍歴代所長ノ特命ニヨリ同刑務所所要ノ印刷用紙ノ購入等ニ関スル事務ヲ担当中判示趣旨ノ下ニ全員ノ供与ヲ受ケタルモノニシテ右特命ノ事実其ノ他原判示事実ハ原判決挙示ノ証拠ニ依リ優ニ之ヲ証明シ得ヘク記録ヲ査スルモ原判決ノ事実ニ重大ナル誤認アルコトヲ疑フニ足ルヘキ顕著ナル事由アルコトナシ而シテ監獄官制第五条ニ依レハ監獄ノ長ハ司法大臣ノ指揮監督ヲ承ケ監獄ノ事務ヲ掌理シ部下ノ職員ヲ指揮監督スルモノニシテ刑務所所要ノ印刷用紙ヲ購入スルコトハ刑務所ノ事務ニ属スルコト勿論ナレハ原判示ノ如ク被告人ノ判示用紙ノ購入カ歴代刑務所長ノ特命ニヨル以上右用紙購入ノ事務ハ被告人ノ職務ト解スルヲ相当トス」（大判昭一八・一二・一五刑集二二・二八九〔研究〕平野竜一・刑評六巻・一三四頁）。

刑務所作業技手の職務は司法省訓令によって規定されていたが、その職務には、刑務所所要の印刷用紙の購入はふくまれていない。しかし、この判例は、監獄の長は、監獄官制五条により、司法大臣の指揮監督を承け監獄の事務を掌理し部下の職員を指揮監督するものであるから、その監獄の長の特命をうけた以上、刑務所所要の印刷用紙の購入は、作業技手の職務といえると判示したのである。なお、この特命は一定の形式を必要としない。刑務所長が「購入の仕事を委せていました」と証言し、被告人が事実上この仕事を行ってきたものであれば、この特命を認定しうると解された（この点は、上告論旨でとりあげられた。平野・前掲一三五頁参照）。

このように、判例は、法令の明文により規定されていない事項についても、権限ある上司の命令によって、「職務」とされるばあいがあることを、みとめている。

さらに、つぎの判例【5】は、内務省所属の県内務部土木課長が、委任に基き、逓信省所管の事務を担任するばあいでも、その事務に関して収賄罪が成立するとした。これも、法令によって規定されていない事項について、他官庁である逓信大臣の委嘱をうけた県知事の命令によって、「職務」をみとめられた事例である。

【5】　「被告人カ原判示ノ如ク仙台飛行場建設工事ニ付テ監督入札人ノ詮衡指名並請負契約ノ締結等諸般ノ事務ヲ鞅掌シタルハ宮城県知事カ逓信大臣ノ委嘱ヲ受ケテ該工事ヲ施行完成スルコトトナリタル関係上当時同県内務部土木課長タリシ被告人ニ命令シタルニ因ルモノナルコト判文上明白ニシテ畢竟土木課長トシテノ職務範囲ニ属スル事務ト認ムヘキコト勿論ナルカ故ニ被告人カ右ノ職務行為ニ対スル謝礼ノ趣意ナルコトノ情ヲ知リ乍ラ請負人Aヨリ金五千円ノ交付ヲ受ケタルコト原判決認定ノ如クナル以上瀆職罪ノ成立ヲ来スヘキハ言ヲ竢タサル所ナリト云フヘク此場合ニ被告人カ逓信省所属ノ公務員ニアラサリシコトハ犯罪ノ成立ヲ阻却スヘキ事項トナラス」（大判昭一一・二・七刑集一五・三一三）。

(二)　ところで、右にあげたような権限ある上司の命令によるばあいのほかにも、法令の文面に規定されない職務に関して賄賂罪の成立がみとめられた事例は、かなり多く存在する。これらの事例の多くは、実際の慣行により事実上公務員の職務として行っている事項にかんするものといえよう。しかし、このばあいについても、判例は、それが実際の慣行による公務員の事実上の職務であることを理由とせず、法令の規定に根拠を求めようとした。たとえば、つぎの判例【6】をみよう。

【6】「道路其ノ他ノ土木工事ノ請負人ヲ詮衡スルニ当リテハ信用資産技能経験等ヲ調査シ適当ナル者ヲ選定スルヲ要シ之ヲ妄リニスルトキハ事業ノ目的ヲ達成スルニ難シ而シテ信用資産ノ調査ハ他ニ人アルヘシト雖技能ニ関スル鑑識ハ調査スル者ノ技術ニ待ツノ要アリ然ラハ請負人ノ技能ニ関シ調査鑑識スルコトモ亦技術ニ関スル事務ノ範囲ニ属スルモノト謂フヘク県ノ土木工事ニ関シテモ亦右ト異ナルトコロアルヘキニ非ス所論地方土木職員制第二条ニハ土木技師及土木技手ハ土木ニ関スル技術ニ従事スト規定シアリ被告人ハ宮城県内務部土木課勤務ノ土木技師ナレハ右法令ニ依リ其ノ職務トシテ土木工事請負人ノ詮衡ニ参与スルコトアルヘキハ明瞭ナリ然レハ原判決ニ所論ノ如キ違法ナク論旨ハ其ノ理由ナシ」(大判昭八・五・二六刑集一二・六九六)。

この判例は、宮城県内務部土木課勤務の土木技師は、土木工事請負人の詮衡に参与する職務があるとしたものである。判例は、「法令ニ依リ其ノ職務トシテ土木工事ノ詮衡ニ参与スルコトアルヘキハ明瞭ナリ」と判示している。しかし、判旨にも記載されている土木職員制二条の文面によっては、請負人の詮衡を土木技師の職務とみることは困難であろう。おそらく、このばあいは、土木技師が実際に請負人の詮衡に参与して、事実上の職務として請負人の詮衡を行っていたということが、実質的理由であろう。

【6】と似た事案にかんするものとして、つぎの判例【7】がある。ただし、このばあいは、被告人は技術吏員である鹿児島県土木出張所長であったから、鹿児島県規則一四号土木出張所処務規則の規定によっても、被告人の職務にぞくするとすることができた事案である。しかし、この判例は、上告論旨が地方自治法一七三条の問題をとりあげたのに答えて、同条に関連させてつぎのように判示した。

【7】「地方自治法一七三条は地方公共団体の技術吏員は事務でなく技術を掌ることを定めていること所論のとおりであるが、原判示のような土木工事について請負人の指名入札人推薦、入札、施行監督、竣工下

検査又はその立会に関する事項はもちろん、これと密接の関係ある工事金の仮払、支払交付等に関する事項を処理するには、土木工事に関する専門技術家的見地から請負人の能力、その仕事の適否を鑑識し或は仮払の要否等を判断するための工事関係の事情を鑑識する必要があることが多いから、これらすべての事務を処理することは技術吏員の職務範囲に属するものと解するのを相当とする。」（最判昭三一・九・二五刑集一〇・九・一三五五〔研究〕吉川由己夫・解説三一三頁）。

さらに、つぎの判例【8】をみよう。この判例は、町営の上水道事業の諮問機関である水道委員が、その事業の実施に際し工事用鉄管につき鋼鉄管の採用について尽力すること、鋼鉄管附属品の納入ならびに配水鋼管埋設工事の請負方を斡旋すること、または一旦納入した鋼鉄管の肉厚に関する紛議に立ち入り納入者のために斡旋することは、いずれもその職務に属する行為であるとした。しかし、法令の文面からみて、右のような行為が、水道委員の職務に属するといえるかは疑問であろう。このばあいにも、水道委員として事実上右のような行為を行っていたことが、賄賂と関連性ある「職務」に属するものとみとめられた実質的理由ではなかろうか。なお、この判例が、職務に関するか否かは、結局、職務執行の公正を疑はせるものか否かを標準として決すべき価値判断の問題であるとしている点にも、注目すべきである。

【8】　「判示中間町ノ水道委員会ナルモノハ町村制第六十九条ニ基キ町長ノ推薦ニ依リ町会ニ於テ選定サレタル被告人等九名ノ水道委員ヲ以テ組織サレタル町長ノ諮問機関ニシテ該水道委員ハ町長ノ指揮監督ノ下ニ町ノ事務ヲ調査シ又ハ之ヲ処弁スヘキ職責ヲ有スルモノナルコト町村制第八十二条ノ規定ニ照シ明ニシテ判示第一ノ冒頭ニ於ケル中間町水道委員ノ職務権限ニ関スル判示亦之ニ外ナラサルモノトス然リ而シテ斯ノ如キ職責ヲ有スル公務員カ判示第一ノ一乃至三ノ如ク或ハ上水道用鉄管トシテ綱鉄管ノ採用尽力方ヲ懇請セラルルヤ謝金名義ヲ以テ利得センコトヲ企テ之ニ対スル謝金ヲ要求シ約束シ又ハ収受スルカ如キ或ハ該鋼管

附属品ノ納入並上水道配水鋼管ノ埋設工事ヲ斡旋シテ利得センコトヲ企テ……之カ納入又ハ工事ノ請負方ヲ勧誘シテ謝金ヲ要求シ収受スルカ如キ或ハ上水道用トシテ町ニ納入シタル鋼鉄管ノ肉厚ニ関シ契約当事者間ニ紛争ヲ生シタル際該紛議解決方ノ斡旋ヲ為シ鋼鉄管ノ納入者ニ対シ之カ謝金ヲ要求シ収受スルカ如キハ孰レモ叙上水道委員会ヲ構成スル水道委員ノ職務ニ関シ収賄ヲ為シタルモノニ外ナラスシテ被告人Xノ判示行為カ収賄罪ヲ構成スヘキヤ疑ヲ容レスサレハ原判決ニハ所論ノ如キ違法アルモノニ非ス」

「原判示ニ従ヘハ被告人ハ中間町水道委員会ヲ構成スル水道委員ニシテ水道委員会ハ町長ノ諮問機関ニシテ上水道工事実施ニ関スル重要事項ノ諮問ニ応シ意見答申ヲ為スノ職責ヲ有スルコト明ナリ而シテ被告人ハ水道委員在職中Aヨリ水道用鉄管トシテ鋼鉄管ノ採用尽力方ヲ懇請セラレ謝金名義ヲ以テ利得センコトヲ企テ判示ノ如ク金員ヲ要求シ約束シ収受シタリト云フニ在レハ其ノ行為ノ職務ニ関スルモノナルコト弁ヲ竢タス蓋シ法ニ所謂職務ニ関シトハ単ナル事実認定ノ問題ニ非スシテ其ノ不正ノ利益ニ関係スルコトカ公ノ機関タル公務員ノ職務上ノ地位ヨリ観察シテ職務執行ノ公正ヲ疑ハルルモノナリヤ否ヲ標準トシテ決スヘキ価値判断ノ問題ニ属スルノミナラス水道委員ノ公職ニ在リ水道工事用鉄管トシテ鋼管ヲ使用スヘキヤ否ヤノ如キハ重要事項トシテ水道委員ニ諮問セラルヘキコト勿論ニシテ水道委員カ其ノ諮問ニ応シ意見ヲ発表シ答申ヲ為スノ職責アルモノナルコト亦弁ヲ竢タサル所斯ノ如キ職務上ノ地位ニ在ル公務員カ人ノ請託ヲ容レ鋼鉄管採用方ノ尽力ヲ為スヘキ旨ヲ約シ謝礼ヲ要求シ約束シ収受スルカ如キハ其ノ行為自体職務ノ公正ヲ疑フニ足リ収賄罪ヲ構成スルコト疑ナケレハナリ」（大判昭九・九・一四刑集一三・一四〇五）。

そしてさらに、【9】の判例は、警察官吏がその管内における芸妓屋及料理店の二営業者間における紛争について治安維持のため調停を試み、当事者をして任意にその紛争を解決させるのは、その職務の範囲内に属するとし、また【10】の判例は、警察署長が自動車運転業の統制を図る目的で運輸業者間の営業譲渡に関し斡旋をするのは、警察署長としての職務権限の範囲に属するとして、それぞれの行為にかんして収賄罪の成立をみとめた。しかし、これらの行為が、法令の明文によって、警察官または警察署長の職務の範囲に属するということは困難であろう。

【9】「凡ソ行政警察ノ目的ハ人民ノ兇害ヲ予防シ安寧秩序ヲ保全スルニ在リ従テ此ノ行政警察ノ事務ヲ管掌スル警察署長又ハ此ノ一般警察事務ニ関スル補助機関タル巡査ハ荀モ安寧秩序ヲ紊シ又ハ犯罪行為等ヲ為ス虞アル場合ニ自ラ又ハ其ノ上司ノ命ニ依リ予メ之ヲ防止スヘキ方策ヲ講シ因テ以テ治安ノ維持ニ努ムルハ其ノ職務ノ範囲ニ属スルモノト謂ハサルヘカラス然リ而シテ警察官吏カ其ノ管内ニ於ケル芸妓屋及料理店ノ二業営業者間ニ分派ヲ生シ事毎ニ相反目敵視シ両者間常ニ紛争ノ絶ユルコトナキ場合ニ於テ若之ヲ其ノ儘ニ放任シ傍観ノ態度ヲ採ルニ於テハ其ノ紛争ハ益々激烈ト為リ之カ為暴行傷害等ノ事件ヲ発生シ安寧秩序ヲ紊スニ至リ犯罪ノ予防安寧秩序ノ保全ニ関スル警察官吏ノ職責ヲ全フシ得サル場合ニ於テ機ニ臨ミ変ニ応シ其ノ間ニ処シテ之カ調停ヲ試ミ其ノ紛争解決ニ斡旋シ任意ニ之ヲ解決セシメ以テ犯罪ヲ未然ニ防止シ安寧秩序ヲ保全スルカ如キハ叙上行政警察ノ目的ニ合致シ従テ此ノ行政警察ノ事務ヲ管掌スル警察官吏ノ職務ニ属スルモノト解スルヲ相当トス」（大判昭八・一二・一〇刑集一二・二二五五）。

【10】「警察署長カ自動車運輸営業者間ノ営業譲渡乃至其ノ譲渡代金ノ分配等ニ関シ斡旋尽力スルカ如キハ本来其ノ固有ノ職務ニハアラサルヘシト雖運輸業者ノ競争ニ因ル交通事故其ノ他ノ弊害乃至犯罪ノ発生ヲ防遏スル為営業ノ統制ヲ図ルノ必要ニ基ク場合ハ畢竟安寧秩序ノ保全ヲ目的トスル行政警察ノ一作用ト云フヲ得ヘキカ故ニ是亦警察署長ノ職務権限ノ範囲ニ属スル行為ト解スルヲ相当トス」（大判昭一三・一二・三刑集一七・八八九〔研究〕美濃部達吉・国家学会雑誌五三巻五号七二五頁、高田義文・刑評一巻四四四頁）。

これまでみてきたように、判例は、法令の明文のうえでは職務の範囲に属するということが困難な行為についても、賄賂と関連性をもつ「職務」の存在をみとめてきた。しかし、それが、実際の慣行により事実上職務として行っていた行為であることは、その理由とされていなかった。このような判例の傾向のうちにあって、つぎの高等裁判所判例【11】は、慣行にもとづく「職務」を正面からみとめたものとして、注目に価する。

【11】「原判決挙示の証人A、B、Cの各証言、証検第六十七号（農林省農政局長の通牒写）を綜合すれば農地を新制中学校建築の敷地として強制収用する場合には、行政庁の方針に基き、予め農地委員会の意見を徴しなければならないとの全国的の慣行があり、現在励行されていること極めて明白である。然らば、斯る場合、農地委員会において意見を具申することは、農地調整法等に基く法定の権限でないこと所論の通りであるとしても慣行に基く権限であり、従つて右委員会を組織している被告人等の職務の範囲に属するものと謂うべきである」。（福岡高判昭二五七・一二三二六特一二・一二三）。

（三）判例の基本的態度は、すでにみたように、賄賂と関連する「職務」の存在をみとめるためには、原則として法令の規定によって職務権限の範囲にぞくする行為であることが必要であるとしている。そして、法令の規定によって職務権限の範囲にぞくするということが困難なばあいにも、あるいは法令の規定をきわめて広く解釈することにより、あるいは上司の命令を強調することにより、「職務」の存在をみとめようとする。

ところで、賄賂罪における「職務」を肯定するためには、賄賂と関連する行為がかならずしも職務権限にぞくする行為である必要はなく、職務権限にぞくしない行為であっても、いやしくも職務権限の範囲に関係する行為であればよいという理論構成も可能である。この理論構成は、すでに述べた・賄賂と関連する「職務」の特色から生れる可能性がある。しかし、この理論構成をとると職務権限の範囲と関係する行為はきわめて広くなり、私人としての行為との限界が不明確になるであろう。

判例は、賄賂罪における「職務」の特色に対し、結果的にはある程度の考慮を払っているが、右のような理論構成を正面からはとらない。法令の規定によって職務権限の範囲にぞくするとされる行為を広く解釈して、それを「職務」とみようとする。そして、それでもなお「職務」の範囲が不当に狭くなることを避けようとして、「職務執行と密接な関係のある行為」の概念を用いるのである(後出七五頁以下参照)。

(四)　なお、ドイツ刑法は、賄賂罪における職務関係を、「その職務にぞくする……行為に対して」(für eine in sein Amt einschlagende, ……Handlung)と表現している。そして、この「職務にぞくする行為」について、判例・通説は、職務行為、すなわち、職務上の義務と一致する行為と解している(Vgl. RGSt. Rd. 70, S. 172, Bd. 77, S. 76; Binding, Lehrbuch des gemeinen deutschen Strafrechts, 2. Bd., S. 732; Birkmeyer, VDB, S. 349; Liszt-Schmidt, Lehrbuch, 25. Aufl., S. 8i9; Schönke-Schröder, Strafgesetzbuch, 9. Aufl., S. 1168; Welzel, Das deutsche Strafrecht, 6., Aufl., S. 441)。この解釈は、わが国の判例の基本的態度とほぼ同一といえよう。ただし、異説として、フランクは、「職務の活動範囲にぞくするすべての行為は、それが個々のばあいにおいては職務の形式をとって行われないばあいにも、すなわち本来の職務行為でないばあいにも」、賄賂罪にいう「職務にぞくする行為」にあたると主張する(Frank, Das Strafgesetzbuch für das deutsche Reich, 18. Aufl., S. 748)。この見解は、わが国の判例にいう「職務執行と密接な関係のある行為」をもふくむものといえよう。

三　内部的事務分配と「職務」

内部的事務分配と職務の関係について、判例は、法令のうえで一般的に権限をもつときは、たとえ官庁の内部的な事務分配によりある事務を現実に担当していなくても、その権限を失うものではないとして、そのような事務に関しても賄賂罪の成立をみとめている。つぎの【12】【13】の判例は、このことを示している。

【12】「兵庫県地方課ハ地方官官制第十四条第一項第三号第二十一条第二十二条及兵庫県処務規程第二条ニ依リ市町村其ノ他公共団体ノ行政ノ監督ニ関スル事務ヲ分掌スルモノナレハ前記（〔引用者註〕村落有林）特売処分許可申請ハ其ノ分掌事務ニ属スルコト明ナルト同時ニ同課ニ於テ取扱ヒタル当該申請（〔引用者註〕村落有林特売処分許可申請）ニ付テハ被告人Xハ知事ノ命ヲ承ケ同課ニ勤務スル事務官トシテ之ヲ処理シ得ヘキ職務権限ヲ有スルモノナリト云ハサルヘカラス尤モ記録ニ依レハ同課ノ処理事務ハ地方課事務担当規則及事務分担表ニ依リ第一区乃至第六区及庶務係ニ分タレ而シテ右各区ハ郡別的ニ其ノ区域カ特定セラルル結果前記特売処分許可申請ハ第一区ノ担当ニ属スルト共ニ同区ノ担当者ハA事務官ニシテ被告人Xニ非ス同被告人ハ第四区ノ担当者ニシテ兼テ庶務係長タリシコト明ナリト雖右事務担当規則及事務分担表ハ唯便宜ニ従ヒ同課ノ内部ニ於ケル事務分配ノ標準ヲ定メタルモノニ過キサレハ之ニ依リ被告人Xカ叙上地方官官制及兵庫県処務規程ニ基キ有スル職務権限ハ左右セラルルコトナキモノト解スルヲ相当トシ従テ又同被告人カ現実自ラ本件特売処分許可申請ノ事務ヲ担当セサルモ之カ為該申請ニ対スル同被告人ノ職務権限ヲ否定スヘキニ非スト云フヘシ果シテ然ラハ被告人Xノ前掲判示ノ行為ハ公務員其ノ職務ニ関シ賄賂ヲ収受シタルモノニ外ナラサレハ之ト同趣旨ニ出テタル原判決ハ所論ノ違法ナク論旨ハ理由ナシ」（大判昭五・七・二九刑集九・五九八）。

【13】「第一審公判廷で裁判長が証人Aに展示し、同証人が富山税務署の分課規程、被告人の担当事務の内容はそれに相違ない旨を答えた税務署分課規程第一条税務署に直税課、関税課及庶務課を置き其の事務を分掌せしむ（以下省略する）。第二条直税課に於ては左の事務を掌る。一、直税の賦課及減免に関すること、一、二、直税の検査に関すること（以下省略する）。の各規定及び昭和二一年名古屋財務局長訓令第二〇号、一、直税課に第一係、第二係及び第三係を置き左の事務を分掌せしめる。但し別表に掲げる税務署（田口、尾鷲、木本及び郡上税務署）を除く、第一係㈠所得税、財産税及び有価証券移転に関すること㈡以下省略する）の各規定に徴し、富山税務署直税課第一係所属の職員は同税務署管内の納税義務者ならその何人たるを問はず

義務者に対する所得税の賦課、減免に関する事務に従う法令上の職務権限を有するものと認めうるのである。そして原判決が証拠とした証人Aの証言によれば第一係に所属する各職員は年度毎に区域と業種とにより定められる特定の納税義務者の所得税の調査を分担するのであるがこの分担事務の内容も係主管者において必要と認めるときはいつでも変更されうるものであることが認められる。されば第一係の所属職員は結局その第一係の分掌事務全般にわたってこれに従事する職務権限を有するものであるといわなければならぬから、いやしくも第一係の所属職員である被告人はたとえ当該年度の担任ではなかったとしても納税義務者Bの所得税の調査に関し法令上その職務権限を有するものであることは多言を要しないところである。」（最判昭二七・四・一七刑集六・四・六六五〔研究〕森岡茂・刑評一四巻一〇五頁）。

【12】の判例は、事務分配によって担当区域を異にしていた事例についてのものであり、【13】の判例は、事務分配によって当該年度において担当区域を異にしていた事例についてのものである。【12】の判例は、実際の担当者と課をおなじくするばあいであり、【13】の判例は、課と係をともにおなじくするばあいであることに注目すべきである。【12】【13】のいずれの判例においても、実際の担当者に対する斡旋を依頼されてその担当者に働きかけたということは、判旨のうえにはあらわれていない。判例は、法令のうえで一般的に権限をもっているばあいには、内部的事務的分配によってある事務を現実に担当していなくとも、その職務権限を失わないという理論構成を示している。ただ、【12】【13】の判例は、「一般的権限」の文言を用いていない。つぎの【14】の判例は、判示の必要の要否の問題としてであるが、「一般的権限」の文言を使用して内部的事務分配との関係にふれている。しかし、この判例は、その「一般的権限」の根拠が何であるかは、示していない。

【14】「原判示事実ニ拠レハ被告人X、Yハ刑事巡査トシテ被告人Zハ巡査部長被告人Oハ巡査被告人Pハ警部補トシテ其職務上貸座敷業者又ハ芸娼妓等ノ営業又ハ稼業ニ関シテ刑事上又ハ行政上ノ取締若クハ警察権ノ行使ヲ為スヘキ一般的権限ヲ有セル者ナルコトヲ認ムルニ難カラス而シテ其内部的事務ノ分掌ノ如キハ必スシモ一般的権限ヲ制限スルニ足ラサレハ特ニ之ヲ判示スルノ要ナシ」(大判大九・一二・一〇刑録二六・八八五)。

なお、つぎの判例【15】は、判例集には登載されていないが、「一般的職務権限」の文言を用いて、それと内部的事務分配との関係をかなり詳細に判示している。この判例は、現実の担当者とおなじ課、おなじ班に所属する者についてのものである(なお、この判例は、臨時的に担当した職務の問題にもふれている。)。

【15】「原判決は被告人Xが昭和二一年四月商工事務官(三級)に任命され、本件犯行当事商工省化学局化政課勤務を命ぜられていたものであることを認定しており、この認定はその挙示する証拠によって肯認することができる。そして明治二六年勅令第一六六号『各官制通則』第一三条一項に基く昭和二二年六月一九日附商工大臣の省中一般達『商工省分課規程』第二五条によれば、本件犯行当時商工省化学局化改課においては、一、局内の綜合事務に関する事項、二、ソーダ灰、苛性ソーダ及塩素製品に関する事項、三、無機薬品に関する事項(以下四乃至八の事項省略)等を管掌すべき旨規定されていたのであるから、(右分課規程第二五条は昭和二三年三月三日以降改正せられ化政課においては、一、局内の綜合事務に関する事項、二、ソーダ及びその誘導品に関する事項、四、無機薬及び試薬に関する事項等を管掌することに定められた)被告人Xは右化政課に勤務する商工事務官として同課の所掌事項につき、法令上、之を処理すべき一般職務の権限を有していたものと解するを相当とする(昭和二二年法律第六九号行政官庁法第八条、昭和二一年勅令第一八九号各庁職員通則第二条)。而して硫化ソーダ製造の原料たる所論苛性ソーダ等の割当事務は前記分課規程第二五条第二号に、又所論合アルミナ苛性ソーダ溶液の出荷依頼書の発行事務は同条第三号(改正後は第四号)に該当するものと認められるから、(右溶液については証人Aの供述参照)同被告人は前記一般的職

務権限に基き上官の命を承けてこれらの事務を処理し得べき地位にあった訳である。ただ、当時の実情を見ると同課の事務分担一覧表(記録一六八丁以下)に明かな如くに右化政課は内部的事務分配により局長附、技術室及びソーダ班外数班に分れていたのであって、前記苛性ソーダ等の割当事務については右ソーダ班において被告人Yが責任担当者としてこれを処理し、前記溶液の出荷依頼書の発行事務は同じくソーダ班において同班庶務の補佐官を命ぜられていた被告人Xが臨時的にこれを担当していたものであることは所論のとおりである。しかし右事務分担一覧表の如きは、ただ、便宜に従い化政課の内部における事務分配の標準を定めたものにすぎないことであって、被告人Xが同課に勤務する商工事務官として法令上有する前記職務権限を何ら制限するものではないから、同被告人が当時たとえ、前記苛性ソーダ等の割当事務を現実に自ら担当していなかったとしても、又前記溶液の出荷依頼書の発行事務については一時臨時的に担当したにすぎないものであったとしても、それは同被告人がその職務権限に基き上官の命を承けてこれらの事務を処理し得べき地位に消長を及ぼすべきものではない。従って被告人Xが所論の各事務について原判示の如く金員の供与又は饗応を受けるにおいては、それは同被告人の法令上の職務に関するものとして収賄罪を構成するものと云わなければならない。」(最判昭二六・一・一八 裁判集刑三九・四一三)。

ところで、美濃部博士は、【12】の判例について、「仮令同じ地方課に勤務して居るとしても、現に職務の分担が定められて居って、自分の担当して居らない地区に属する事務であれば、厳格な意義に於いては、法律上自分の職務に属する行為とは謂ひ得ない。地方課勤務の事務官でも地方課の総ての事務を職務と為すものではなく、唯本属長官から担任を命ぜられて居る職務のみを掌るもので、而して自分の担任しない地区に属する事務は、長官から担任を命ぜられて居る職務の範囲外に在るからである。それであるから、本件の場合は自分の担任する職務それ自身に付いての収賄ではなく、他の同僚の担任する職務行為に付き其の担任者を勧誘説得することに付いての収賄に外ならぬ」とされる。そして、「これを有罪とするは正当であるが、併しそれは他の機関を動かして其の機関の管掌する公務を左右せんとする行為も、これを左右し得る力が自分の担任する職務に基づいて居る場合は、等しく職務行為と見るべきが為めでなければならぬ」(美濃部・公務員賄賂罪の研究五一―五二頁)と主張される。かようにして、博士は、【12】の判例のうちに、斡旋収賄的なものをみとめた一つの事例をみられたのである。

たしかに、【12】の判例は、一般的に権限をもつが事務分配により現実に担当していない事務について収賄罪の成立をみとめる根拠を明白に示していない。それゆえ、美濃部博士のような見解も生れうる。ところで、【13】の判例は、「分担事務の内容も係主管者において必要と認めるときはいつでも変更されうるものであること」にその根拠を求めている。森岡判事補は、【13】の判例についての評釈において、右の根拠は、「一応実質的な規準を示すかに見えるが、これとても曖昧で、例えば『補職の変更を要せずして分担を変更出来るから』とか何か限定条件を附さぬ以上、程度の差こそあれ公務員たる以上、更に極端には何人でも、将来分担の可能性がある事になる」と指摘されている(森岡・刑評一四巻一〇八頁)。これまでにみた判例【12】―【15】においては、法令のうえで一般的に権限をもっており、しかも実際の担当者とおなじ課(さらに【13】においては、おなじ係、【15】においては、おなじ班)に所属していたことが限定になっているとみるべきであろう。

なお、この問題について、伊達判事は、「公務員が一般的に職務権限を有するけれども、現実に特定の具体的事務を他の同僚公務員が担当し執行している場合については特に注意を要する」と指摘されて、つぎのような注目すべき見解を示されている。「たとえば、現実に他の同僚が特定人Aの所得税の査定を行っている場合、Aが査定に携っていない他の税務職員に対し、減額方の旋斡を依頼し利益を供与した場合に、果して職務に関するものといいうるであろうか。現実にAの所得税の査定に携っていない公務員も、将来上官の命を受けこれを担当するに至るかも知れず、又現に担当していなくても一般的権限を有する限り他の同僚の担当事務についても査定資料を提出し意見を述べ得る権限があるとすれば、そして、かような行為を依頼してその報酬として利益を供与する場合には、勿論贈賄罪が成立するであろう。しかし、かような職務的関与とは無関係に単に同僚としての顔だけで係官に減額方を依頼してくれと申向けて利益を供与する場合には、職務に関するものとはいえないと解すべきであろう。尤も、かような税務署等の行政官庁の公務員の事務担当は融通性が強いし、人の行為の目的は複雑なものであるから、事実認定としては、特別の事情のない限り、前者の場合と認定される場合が多いであろうと思う。これに反し、検察官、裁判官等の如く独立性の強い公務員の場合には、右の区別は看過できないであろう。他の裁判官の担当事件について有利に斡施方依頼することは特別の事情のない限り職務行為に関するものではない」（同・「賄賂罪」法学セミナー四号二四頁）。

ところで、つぎの最高裁判所判例【16】は、これまでの判例とは異なる角度から問題をとりあげている。

【16】（第一審認定の事実）「被告人は昭和二十六年五月一日南九州財務局に雇として採用せられ同日から理財部金融課金融係に勤務し、同二十八年十一月十日理財課理財係、同二十九年十月一日同課企業係、同三十年四月一日局長官房総務課文書係に各配置換になり、その間同二十七年五月十六日大蔵省事務官に任官したものであるが、同二十七年二月五日頃右財務局係官が八代信用金庫（同二十八年六月改組前は八代市信

用組合)に対し金融検査を実施した際その補佐員として同検査に従事したことがあって、同金庫(当時信用組合)の理事長(同三十年五月以前は専務理事、同二十八年六月以前は常務理事)として同金庫の業務及財産を総括していたAと知り合い、同三十年十二月二十一日頃B方で、右Aに於て当時右金庫資金を数千万円不正に使用していたこととて、検査に因る発見を虞れて、同人が被告人に対し右財務局が行う金融検査日時の事前内報方並に将来監督上便宜な取計いをせられたい旨請託するを承諾し、右Aから右請託の報酬として供与するの情を知りながら……合計現金二十四万円の各供与を受け、その職務に関し収賄したものである。」

(第二審判旨)「被告人は本件当時には信用金庫の検査監督の事務を執行していなかったことも明らかである。ところで、現行の行政官庁の機構(昭和二二年法律第六九号行政官庁法第八条、同二一年勅令第八九号各庁職員通則第二条)から考察するに、地方財務局において各部、課が設けられ各課に事務の分担が定められているのは、唯便宜に従って、局内における事務分配がなされたものであるに止まるのであって、同局に勤務する大蔵事務官の地位に在る者は、たとえ日常担当しない事務であっても、同局の所管事項である限り、その全般に亘って、上司の命令により或は独立して又は補佐職員として、これに従事すべき一般的職務権限を有するものと解するを相当とする。それ故、前記財務局において、信用金庫の検査、監督の事務は金融課の特殊金融係が担当し、被告人が現実に担当していなかったけれども、なお被告人は同局に勤務する大蔵事務官として該事務についても上司の命令を承けてその補佐職員としてこれに従事し得べき地位にある者として、該事務に関してこれを処理すべき一般的職務権限があることは前説示により自ら明らかであるので、既に信用金庫の検査、監督の職務を執行していないが、その職務権限に基き該事務を処理する命令を受くべき地位にあった被告人が、将来その職務の執行を為すことあるを予期して、これに関して不正の利益を収受する限り、これをその職務に関して賄賂を収受したものといわねばならない。」(福岡高判昭三二・五・一八最判刑集一一・一二・三一〇九所収)。

(上告審判旨)「第一審判決は、被告人においてAが被告人に対し判示財務局が行う金融検査日時の事前内報方並びに将来監督上便宜な取計いをせられたい旨請託するを承諾し合計現金二四万円の供与を受けその職務に関し収賄した旨判示し、原判決は結局これを是認したものである。そして、被告人がいやしくも大蔵省事務官として判示南九州財務局局長官房総務課文書係である以上、判示のごとき内報をしてはならない職務を有することはいうまでもないから、判示のごとき請託を承諾して全員の供与を受けたのを職務に関し収賄したものと判断したのは結局正当である。」(最決昭三二・一一・二一刑集一一・一二・三一〇一〔研究〕足立勝義・解説五八九頁)。

この事案についても、第二審判決は、同一局内における事務分配の問題として解決をあたえた。ところが、最高裁判所決定は、第二審判決とおなじ結論をとっているが、その理由づけを異にしている。その趣旨は明白でないが、積極的に作為の面から「職務」が規定されていないばあいにも、「職務」として不作為的なものがあることをみとめたのであろうか(足立・前掲解説五九二頁参照)。たしかに、公務員は、職務上知ることのできた秘密を漏らしてはならない義務を負っている(国家公務員法一〇〇条一項)。しかし、この義務は、職務を行うことそのものについての義務ではなく、それに附随してみとめられる義務である(鵜飼信成・公務員法(法律学全集7)二一〇—二一一頁参照)。したがって、この義務があることから、ただちに、「判示のごとき内報をしてはならない職務」が生れると解することができるかは疑問である。おそらく、この決定は、被告人が、かつて金融課金融係に勤務していたこと、文書係としても本件の極秘の取扱いの事実を知っていたこと等を、実質的な理由としているのであろうが、「職務」の存在を、充分な理由づけを試みないでみとめたものといわざるをえない。いずれにせよ、本件のばあいは、同一係内もしくは同一課内の事務についてではなく、同一局内の事務についての事案であることから、たんなる事務分配の問題としてとりあげることはできなかったのであろう。

四　独立の決裁権と「職務」

刑法一九七条において問題となる「職務」とは、判例の表現によれば、「公務員がその地位に伴い公務として取扱うべき一切の執務」をいう。したがって、その「職務」は、独立して決裁する権限をもつものであることを必要としない。上司の指揮監督の下にその命をうけて事務を取り扱う職務についても、賄賂罪が成立する。つぎの判例【17】―【19】は、このことを判示している。

【17】「鉄道院ノ鉄道運送ニ関シテ運賃割引ノ特約ヲ為スコトヲ許可スル職権ヲ有セサル官吏ト雖如上ノ職権ヲ有スル官吏ノ下級吏員トシテ其指揮監督ノ下ニ其許可ニ関スル事項ヲ取扱フコトヲ職務トスル者ナル以上ハ其者カ職務ノ範囲内ニ於テ前掲特約ノ許可ニ付キ尽力ヲ為シ其他職務ノ範囲内ニ於テ将来ノ交渉案件ニ付キ便宜ノ処置ヲ為サシムルコトヲ目的トシテ之レカ饗応ヲ為スコトニ因リ利益ヲ供与シ又之レカ情ヲ知テ饗応ヲ受クルコトニ因テ利益ヲ収受スルカ如キハ即チ公務員ノ職務ニ関シテ賄賂ノ贈与又ハ収受ヲ為スモノニ外ナラス」（大判大八・一二・一八刑録二五・一三八八）。

【18】「刑法第百九十七条ニ所謂職務トハ公務員カ其ノ地位ニ伴ヒ公務トシテ取扱フヘキ一切ノ執務ヲ指斥スルモノニシテ独立ノ決裁権限アルコトヲ要セス上司ノ指揮監督ノ下ニ其ノ命ヲ承ケ事務ヲ取扱フモノモ亦職務タルヲ失ハス原判示ニ依レハ第一被告人Xハ……運輸事務所長ノ権限ニ属スル人事事項ニ付上司ノ指揮ヲ承ケ事務ニ従事スルノ職責ヲ有シ居タルモノナルトコロ（一）乃至（十七）ノ如ク職務ニ関シテ賄賂ヲ収受シ第二被告人Yハ……被告人Xト同一ノ職務ヲ有シ居タルモノナルトコロ（一）乃至（十二）ノ如ク職務ニ関シ賄賂ヲ収受シ……タルモノナリト云フニ在ルヲ以テ被告人XYニハ独立シテ決裁ノ権限ナキモ所謂職務タルヲ失ハサルヲ以テ右判示ノ如ク金品ノ贈与ヲ受クルニ於テハ収賄罪ニ当ルコト洵ニ明ナリ」（大判昭一一・三・三〇刑集一五・三五四）。

【19】「第一審判決の挙示する証拠によれば、当時富山県道路課長であった被告人は大日橋改良事務所の業務全般及び北日本木材株式会社の作業につきいずれも指導監督をなしていたことが肯認できるのであるが、

右は所論のごとく道路課長が独立した指導監督の権限を有するのではなく、上司たる富山県知事乃至県土木部長の指揮のもとにその命をうけてその事務を取り扱うものであったとしても、また刑法一九七条にいう『職務』たるを失わないのである。蓋し、この『職務』とは公務員がその地位に伴い公務として取り扱うべき一切の執務を指称するものであるから、そのいずれを問わず原審の判断について何等違法はないのである」(最判昭二八・一〇・二七刑集七・一〇・一九七一)。

さらに、つぎの判例【20】は、上司の職務行為を補佐するに過ぎない従属的地位に基づく職務についても収賄罪が成立するという形式で、【17】―【19】とおなじ問題をとりあげている。

【20】「凡ソ公務員カ其ノ職務ニ関シ賄賂ヲ受クル以上ハ其ノ職務カ監督上又ハ処分上ノ独立権能ニ基クモノナルト将タ又上司ノ職務行為ヲ補佐スルニ過キサル従属的ノ地位ニ基クモノナルトヲ問ハス収賄罪ヲ構成スルモノト解スルヲ至当ナリトス原判示認定ニ依レハ被告人ハ青森県東津軽郡油川町町会議員ニ当選シ同町工事委員トナリ同町ノ施行スル工事ニ付町長ヲ補佐スヘキ職務権限ヲ有シ同町ニ於テ施行セル館耕作道新設工事野木和林道工事並ニ県道鋪装工事等ノ現場監督ヲ為シ居リタルモノナルトコロ右工事ノ請負ヲ為シタル原審相被告人X等ニ於テ被告人ヨリ該工事ニ付便宜ノ取計ヲ受ケンカ為贈与スルコトノ情ヲ知リナカラ数回ニ合計七十円ノ交付ヲ受ケタルモノニシテ被告人ハ右工事委員トシテ町長ヲ補佐シ該工事ノ現場監督ヲ為スヘキ職務ニ関シ収賄シタルコト明白ナリト ス」(大判昭九・一二・二四刑集一三・一八二三)。

五　「職務」の存在をみとめた若干の判例

ここで、賄賂と関連する「職務」をみとめた判例のうち、近時のもので、しかも重要性をもっと思われる若干の判例について、ふれておこう。

(一)　まず、つぎの判例【21】は、鉄道部内の職員が鉄道共済組合令にもとづき、運輸大臣の命によって国有鉄道共済組合の業務に従事するばあい、その業務の執行は、刑法一九七条にいう公務員としての職務に属するとしている。

【21】「本件犯罪当時における国有鉄道共済組合は、明治四〇年勅令一二七号鉄道共済組合令(昭和二二年法律七二号によって『国会の議決により法律に改められたもの』とせらる)によって組織された運輸部内の職員の相互救済を目的とする組合で(同令一条)運輸大臣がこれを統理するものである。(昭和一五年鉄道省令七号国有鉄道共済組合規則一、二条)しかして、国有鉄道共済組合物資部は、国有鉄道共済組合規則九二条に基いて、同組合に附帯して施設せられ、……その事務は、運輸大臣がこれを、『統理』し、鉄道局長は、当該鉄道局所属物資部の事務を『監理』するものである。(同規程〔引用者註—国有鉄道共済組合物資部規程〕四条)しかして、運輸大臣は鉄道部内の職員をして国有鉄道共済組合の事務に従事せしめることのできることは、又、前記鉄道共済組合令三条の規定するところである。

被告人Xは昭和二一年四月以降東京鉄道局新橋管理部厚生課長兼新橋食糧増産支部増産課長として、右令三条に基ずき国有鉄道共済組合新橋物資部に関する事務を総括する職務を担当し、被告人Yは、同年同月以降東京鉄道局新橋管理部厚生課物資係長として、同じく同令三条にもとずき同新橋物資部に関する事務を分掌する職務を担当していたことは原判決の確定するところである。

本件犯行当時における国有鉄道共済組合は、もとより国家の行政事務を行う国家機関ではないけれども、前記のごとき法令に基いて組織せられ、公務員たる鉄道従業員の相互救済、福利増進を目的とする団体であって、これが業務の掌理についても前叙のごとく一々法令又は大臣達によって規定されているのであって、『運輸大臣が同組合を統理し』又は『物資部の事務を統理し』鉄道局長が当該鉄道局所属物資部の事務を『監理』するというも、いずれも、組合業務の執行に関するものであって、かくのごとき法令に基く組合業務の執行は、運輸大臣、鉄道局長の国家に対する職務に属することは勿論であって、従って、前記令三条に基いて鉄道部内の職員が大臣の命により組合の事務に従事する場合においても、その業務の執行は同職員の公務員としての職務に属するものといわなければならない。」（最判昭二六・五・一一刑集五・六・一〇三五〔研究〕山崎清・刑評一三巻一四四頁）。

この事案においては、組合業務の執行が公務員としての職務、すなわち公務に属するか否かが問題とされた。判例【21】は、この問題について、法令にもとづく組合業務の執行は、運輸大臣、鉄道局長の国家に対する職務に属するから、鉄道共済組合令三条にもとづいて鉄道部内の職員が大臣の命により組合の事務に従事するばあいにも、その業務の執行は、右職員の公務員としての職務に属すると解している。

右の判例と同様の事案について、大判大一二・七・二六刑集二・七二〇がある。この判例は、逓信部内職員共済組合ならびに同組合診療所の事務は国家事務ではないが、逓信局長は、その資格に基く職務としてこれを掌理し、局長から命を承けた逓信技手は、診療所の家屋模様替修繕工事の監督検査をする職務を有するとした。二つの判例の理論構成は、ほぼ同様であるが、後者の判例が、逓信大臣の監督権を実現せしめる行為にあたることを強調している点に若干の差異がある。

（二）　つぎにあげる判例【22】は、昭和二五年当時通商産業政務次官の職にあった者が競輪場の設置申請に対し政務として決裁に関与することは、刑法一九七条にいう公務員の「其職務」にあたるとした。

【22】　「職権によって調査すると、本件行為当時における通商産業省設置法三条（通商産業省の任務）は、『通商産業省は、左に掲げる国の行政事務及び事業を一体的に遂行する責任を負う行政機関とする。』と規定して一号から二号までを掲げ、その二号において『輸出品の生産の振興その他鉱産物及び工業品の生産、流通及び消費の増進、改善及び調整並びに検査』と規定し、四条（通商産業省の権限）一項は、『通商産業省は、この法律に規定する所掌事務を遂行するため、左に掲げる権限を有する。但し、その権限の行使は、法

律(これに基く命令を含む)に従ってなされなければならない。』と規定して一号から四三号までを掲げ、四三号は『前各号に掲げるものの外法律(これに基く命令を含む)に基き通商産業省に属させられた権限』と規定する。〔なお、同法一三条(通商機械局の事務)は、五号に「自転車競走の施行に関すること」を掲げ、これをうけて通商産業省組織規定(昭和二四年五月二五日同省令一号)は、七五条において、『自転車競技法の施行に関すること』を同省機械局車輌課においてつかさどるべきことを定めている。〕ところで、右設置法四条に『この法律に規定する所掌事務』とはすなわち三条所定の『通商産業省の任務』を指すものにほかならないものであるところ、組織法たる同省設置法の重点は、所掌事務の範囲を定めた右三条の規定に存するのであつて、同条の範囲を超えた行政処分又は命令が当然に無効であるに反し、いわゆる権限を定めた右四条の規定は、所掌事務の内容を例示する注意規定であつて、行政作用法に属する別の法律(ここでは、自転車競技法)によつて個別的に裏づけられてはじめて効力を生ずるものであり、右同条四三号の規定の存するゆえんもここにあるのである。また昭和二七年六月三〇日法律二二〇号自転車競技法の一部改正によって、『第三条競輪の用に供する競走場を設置しようとする者は、命令の定めるところにより、通商産業大臣の許可を受けなければならない。』との規定がおかれた後も右四条になんらの改変が加えられなかったのはこれがためである。

しかるところ、自転車競技法の施行に関する主務官庁はもとより通商産業省であり、同法一条は、『都道府県及び人口、財政等を勘案して主務大臣が指定する市(以下指定市という)は、自転車の改良、増産、輸出の増加、国内需要の充足に寄与するとともに、地方財政の増収を図るため、この法律により、自転車競走を行うことができる。』四条は、『第一条の自転車競走を行う競走場の数は、都道府県は各二箇所以内指定市は各一箇所である。』と規定する。すなわち右各条は自転車競技法の目的、都道府県及び指定市は通商産業省の監督の下に自転車競走を施行しうる趣旨並びに競走場の法的制限について規定したものであって、原判決のように、本法によって、都道府県及び指定市は本法所定の数を超えないかぎり、通商産業省の統制に服することなく任意に自転車競走場を設置しうる固有の権限を与えられたものとすることはできない。その他競輪場の設置は都道府県等の固有の権限であると解さねばならない法令上及び法理上の根拠は存在しない。しかして一方、本件行為当時においては競輪場築造の許可の権限(所掌事務)が建設省にあつたことは明らかであるが〔建設省設置法三条、昭和二四年建設省令九号臨時建築制限規則(同規則は昭和二五年法律二〇一号建築基準法附則及び同法の施行期日を定める同年政令三一九号により、昭和二五年一一月二三日廃止された)、指定生産資材割当規則備考各参照〕、建設省による競輪場の築造の許可と通商産業省による競輪場の設置の承認とは、相互に密接な関係はあるけれども、本来その趣旨及び目的を異にするものである。すなわち、前者は臨時物資需給調整法に基き、臨時建築制限規則の施行に関する事務をつかさどる建設省が競輪場の築造自体の観点から許否を決するものであるに対し、後者は競輪施行の主務官庁たる通商産業者が、その所掌事務に属する『自転車の改良、増産、輸出の増加、国内需要の充足』並びに『地方財政の増収』を図るため適当であるか、その立地条件、共倒れ乱立に陥ることなきや等の観点から、都道府県、指定市よりの設置申請を承認し、及びその旨建設者に通知するもので、右承認並びに通知は建設省の競輪場築造の許可の権限をなんら侵すものではないのである。

これを要するに、自転車がわが国輸出産業等において占める地位の重要性から、その生産の振興をはかるため自転車競技法が制定せられた立法の経緯と同法一条に掲げる立法目的とに徴すれば、自転車競技法はまさに、前掲通商産業省設置法三条二号が一般的、概括的に掲げている同省の所掌事務の一部を具体化したものであること明らかであり、そして同法一三条が同省通商機械局の事務分掌として『自転車競走の施行に関すること』をつかさどる旨を規定しており、しかも競輪場の設置は競輪を施行するための不可欠の前提である以上、競輪場築造の許可の権限(所掌事務)を有していた建設省に対し、競輪施行の主務官庁たる通商産業省として、その所掌事務に属する『自転車の改良、増産、輸出の増加、国内需要の充足』並びに『地方財政の増収』を図るため適当であるか、その立地条件、共倒れ乱立に陥ることなきや等の観点から、都道府県、指定市よりの設置申請を承認し、及びその旨建設省に通知する行為は、通商産業省本来の権限であり、当時競輪場の設置について既に数十回にわたつて同様の手続が慣行されていたのはその故である。
そうとすれば、昭和二五年五月当時通商産業政務次官の職にあった者が競輪場の設置申請に対し、政務として決裁に関与することは、刑法一九七条にいう公務員の『其職務』といわなければならない。従ってそれが職務でないこと、を前提として本件被告人等の行為を判断した第一審判決及びこれを支持した原判決は、判決に影響を及ぼすべき法令の違反があってこれを破棄しなければ著しく正義に反するものといわなければならない。」(最判昭三一・七・一七刑集一〇・七・一〇七五〔研究〕寺尾正二・解説二二三頁)。

本件の事案について、第一審・第二審は被告人に職務権限なしとして無罪の判決をなしたが、これに対し最高裁判所は、前述のような判断にもとづいて、第二審判決および第一審判決を破棄して事件を京都地方裁判所に差戻したのである。

最高裁判所判決【22】の見解と第二審判決(大阪高判昭二八・一〇・一九最判刑集一〇・七・一一二二所収)の見解とが分れた重要な点は、つぎの三つである(寺尾・前掲解説二二三頁参照)。

(1)　第二審判決は、通産省設置法三条(通商産業省の任務)の規定から同省の権限を引き出すことはできない、同省の一般的権限であるというためには、同法四条(通商産業省の権限)に明定される事項もしくは同条四三号により他の法律・命令で同省の権限に属せしめられた事項に限ると解した。これに対し、【22】の最高裁判決は、右設置法四条に「この法律に規定する所掌事務」とは同法三条所定の「通商産業省の任務」を指すものにほかならない、そして組織法たる同省設置法の重点は所掌事務の範囲を定めた三条の規定にあり、いわゆる権限を定めた四条の規定は、所掌事務の内容を例示する注意規定であって、行政作用法に属する別の法律によって個別的に裏づけられてはじめて効力を生ずるものであると解する。したがって、第二審判決が、本件通産省の競輪場設置承認ならびに承認通知を「権限を越え」た、「法令上の根拠のない」ものにみるのに対し、【22】の最高裁判決は、一般的・概括的には設置法三条二号が、具体的には自転車競技法一条がその法的根拠であるとする。

(2)　第二審判決は、自転車競技法四条は同条で制限している数の範囲内では都道府県等に競輪場設置の固有の権限があることを前提としていると解する。これに対し、【22】の最高裁判決は、競輪場の設置が都道府県等の固有の権限であると解さねばならない法令上および法理上の根拠は存在しないとする。

(3)　第二審判決は、通産省が競輪場の設置申請を承認し建設省に承認通知をすることは建設省の競輪場築造の許可の権限を侵すものであるとみる。これに対し、【22】の最高裁判決は、通産省の設置承認と建設省の築造許可とは趣旨および目的を異にするから両立しうるものであって、通産省の競輪場設置承認ならびに承認通知は建設省の権限を侵すものではないとするのである。

(二)　さらに、つぎの判例【23】は、地方法務局支局長が、不動産登記法第二一条の二の規定によりいわゆる登記事務を取扱う者として指定されていなくとも、不動産登記申請者のため、自己の指揮監督下にある同支局不動産登記係に命じて登記申請書ならびにその附属書類の書式を作成させる等の登記申請が滞りなく受理されるよう便宜を図ることは、その「職務」に属するとした高裁判例を正当とみとめた。

【23】（第二審判旨）「被告人は千葉地方法務局佐倉支局長として同支局の事務を掌理し、且つ所属職員を指揮監督する職務に従事していたものであるが、Aが判示所有権移転登記申請をするに当り被告人がその指揮監督下にある同支局不動産登記係B等に命じ登記申請書並びに、これに添付すべき本山代表役員の承諾書、登記義務者の権利に関する登記済証に代るべきいわゆる保証書の書式を作成させ、自ら保証人名下に押印して保証書を作成してやる等右登記申請が滞りなく受理されるよう便宜を図つてやつたことの謝礼として判示日時場所において判示金員を受けとつたことが認められるのであつて、被告人が右のようにその監督下にある職員を指揮し登記申請が滞りなく受理されるよう書類作成の準備行為をさせたことは、被告人が不動産登記法第十一条の二により登記所における事務を取扱う者として指定されておらず従つて同条にいわゆる登記所における事務（いわゆる登記事務）を取り扱う権限を有していなかつたとしても被告人の前記支局長として職員を指揮監督すべき職務に関する行為であると認めることができる。」（東京高判昭三二・五・九最判刑集一一・一二・三一五四所収）。

（上告審判旨）「被告人の所論行為が刑法一九七条一項前段の収賄罪に該当するものであるとした原判決の説示は正当である。」（最決昭三二・一一・二八刑集一一・一二・三一四八〔研究〕足立勝義・解説六一五頁）。

地方法務局支局長は、法務局及び地方法務局組織規定一五条によって、局長の指揮監督を受けて、当該支局の事務を掌理し、所属の職員を指揮監督する権限をもっており、しかも、本件のばあいはその監督下にある職員を指揮して登記申請のための書類作成の準備行為をさせたのであるから、判旨は正当である。

（四）つぎの判例【24】は、海上保安官は検察官の指揮の下に海上における犯罪の証拠品を集取する職務を有するとした。

【24】（事実）第一審判決の認定した事実の大要は、つぎのとおりである。被告人等は海上保安官であって、

宮崎地方検察庁日南支部検察官から附近の海中に沈下隠匿された関税法違反事件の証拠物件引揚方を指揮され、これをAなる者に委嘱したのであるが、その引揚作業の指揮監督をするに際し、Aから賄賂として金品を収受した。

（第二審判旨）　「原判示証拠物件の引揚作業関係は、当時海上保安官としての同被告人等の職務執行と密接な関係のあったことが明らかであるから、同被告人等が右職務に関し、賄賂として金品を収受すれば、収賄罪の成立すること多言を要しないところである。」（福岡高判昭三〇・一一・三〇最判刑集一二・一二三五所収）。

（上告審判旨）　「被告人らは海上保安官として検察官の指揮の下に海上における犯罪の証拠品の集取に当る職務を有するものであり、被告人らの本件行為が犯罪となることは、原判決の説明するとおりである。」（最決昭三三・四・三〇刑集一二・六・一二二八〔研究〕青柳文雄・解説二八七頁）。

控訴審は、本件の行為を職務執行と密接な関係のある行為と解している。しかし、海上保安官は海上保安庁法三一条の規定により、海上における犯罪について、海上保安庁長官の定めるところにより、刑事訴訟法の規定による司法警察職員として職務を行うものとされている。そして、昭和二四年八月三一日海上保安庁告示三三号は、海上における犯罪について原則として海上保安官中一等海上保安士以上を司法警察員とし、右以外の海上保安官及び海上保安官補を司法巡査としている。したがって、被告人は、刑訴一九〇条、一九三条三項・四項によって関税法違反事件の証拠品の集取をする職務を有していたといえる。それゆえ、本件の行為は、職務行為そのものと解すべきであろう。最高裁判例は、右の点をいずれに解しても判決に影響がないとみて、原判決をみとめたのであろう（青柳・前掲二八八頁参照）。

（五）　そのほか、最決昭三二・四・二三刑集一一・四・一四〇三は、文化財保護委員会事務局保存部建造物課勤務の文部技官は、重要文化財等の国庫補助金下附申請についての意見具申、修理設計書の作成の外、同委員会から修理現場に派遣されて工事監督にあたる場合には専門的技術的な指導および助言をする職務権限を有するとした。また、最決昭三四・四・六刑集一三・四・四三〇は、市町村長が米穀の生産者別政府買入数量を決定し、またはその決定数量を変更するについて、法令に基き市町村農業委員会の委員たる者の意見を聞く場合に、その意見を答申することは、市町村農業委員会の委員の職務権限に属するとしている。

六　「職務」の存在を否定した判例

判例は、すでに述べたように、「職務執行と密接な関係のある行為」にかんしても賄賂罪の成立をみとめている。したがって、賄賂罪における職務関係を否定する判例は、「職務執行と密接な関係のある行為」の存否にまで言及して、これを否定しているものが多い(後出一〇四頁以下参照)。しかし、その点に言及することなく、「職務」の存在を否定した判例として、つぎの【25】がある。この判例は、府県吏員が法令にもとづかず特別の任命を受けずに国の行政事務に属する水利出願に関する事務に関与する行為は、その職務権限にぞくしないとして、賄賂罪の成立を否定した。【5】の判例と対比してみるとき、法令上の根拠と特別の委任もしくは任命を判例が重視していることが明白になる。

【25】　「府県制第七十五条ニ依リ任命セラレタル府県吏員ハ法人タル府県ノ事務ヲ取扱フ職責ヲ有スルモ国ニ属スル行政事務ニ干与スルコトヲ許サル可キモノニアラス之ヲ沿革ニ徴スルニ現行府県制ノ前法タル明治二十三年法律第三十五号府県制第五十二条ニハ府県知事ハ府県会ノ議決ニヨリ府県ノ費用ヲ以テ府県財産又ハ営造物ノ管理若クハ土木工事ニ必要ナル有給ノ府県吏員ヲ置クコトヲ得但府県吏員ハ府県知事ニ於テ之ヲ任命監督ストアリテ明治三十二年法律第六十四号現行府県制第七十五条府県ニ有給吏員ヲ置クコトヲ得前

項ノ府県吏員ハ府県知事之ヲ任免ストノ規定ニ相当シ現行法ニ於ケル府県吏員ノ職務権限ハ亦前法規定ノ範囲ヲ出テサルコトヲ窺知スルニ難カラス蓋シ国ノ行政事務ハ相当官吏若クハ委任ヲ受ケタル公吏ニ於テノミ有効ニ之ヲ処理スルヲ得ヘキモノナレハ原審カ山梨県吏員タル被告Xニ於テ法令ニ基カス又特別ノ任命ヲ受ケタル事実ナキニ拘ラス国ノ行政事務ニ属スル水利使用出願ニ関スル事務ニ干与シタル点ヲ以テ其職務権限ニ属セサルモノト判定シタルハ正当ナリ」（大判大八・九・二二刑録二五・九九五）。

さらにまた、つぎの判例【26】は、経済監視官補は、専売法違反被疑事件について被疑者を取り調べる権限を有しないと解しているようである。もっとも、この判例は、被疑事件の内容が経済統制令違反問題ともなり得べきものであるから、本件についての取調は「職務ニ関シ」たということができるとして、収賄罪の成立をみとめている点に留意しなければならない。

【26】「職権を以て調査すると、経済監視官補たる被告人に専売法違反被疑者を取調べる職務権限ありや、従つて本件行為が刑法第一九七条第一項の『其職務ニ関シ賄賂ヲ収受シ』たことになるか、ということが問題となり得る。経済監視官補は昭和二二年勅令第二〇四号第二条により『都道府県等臨時職員等設置制』に第一条ノ六として追加されたものであつて、『経済統制ニ伴フ警察ニ関スル事務ニ従事スル』ことになつており、原判決の事実摘示にも被告人は『油木警察署に勤務し経済違反の検挙取調の職務を担当していた』とある。ところが原審相被告人Xは専売法違反被疑者として被告人によつて取調べられた際賄賂を供与し被告人がこれを収受したというのであつて、専売法違反は経済統制に関する犯罪中に含まれぬと解されるから被告人は『其職務ニ関シ賄賂ヲ収受シ』たものとは言えないのではないか、という疑を生ずる。しかしながら、刑法第一九七条にいわゆる『其職務ニ関シ』をあまりに狭く解することは、収賄罪罰則の運用上いかがと思われるのみならず、本件においては、被告人はXを『同人がその生産に係る葉煙草三貫五百匁をAに代金三千円で売却した嫌疑で』取調べたのであつて、自然、物価統制令第九条の二その他の経済統制法令違反問題

ともなり得べきものであつたから、その取調は被告人の『職務ニ関シ』たと言い得べく、原判決がこれを刑法第一九七条を以て処断したのも、違法ではないと考えられる。ちなみに、物価統制令第九条の二は昭和二二年四月一五日勅令一三三号によって設定されたのであるが、本件犯罪は同年一二月八日に行われたのであって同条の問題にもなり得るのである。要するに右職権調査事項についても支障なきものと認める。」(最判昭二五・一・三一刑集四・五八)。

なお、つぎの高等裁判所判例【27】は、農地買収手続完了後においてその農地を買収より除外することは農地委員の職務権限に属しないと解した。

【27】「自作農創設特別措置法の各規定を通観すれば、農地委員会が決定した農地、未墾地等の買収計画に対し法定の期間内に異議及び訴願の申立がなく買収計画が確定し、しかも当該土地所有者に対し買収令書は交付して買収手続が完了した場合において、該農地委員会がその買収計画を変更し、当該土地を買収計画より除外する決定をなすことは許されないものと解するのが相当である。従って買収手続完了後かような買収除外の決定に関し、農地委員には何等の職務権限がないものといわなければならない。」(福岡高判昭二五・一〇・七特一三・一六三)

これらの判例【26】【27】によっても、判例の基本的傾向が、賄賂と関連する「職務」をみとめるためには、たんなる事実上の職務行為が存在するだけでは足りないとして、法令の規定に根拠を求めていることを知りえよう。

七　正当な職務行為と「賄賂」

職務行為は正当なものであると不正なものであるとを問わない。職務義務に対する違反をともなわない正当な職務行為に関しても、賄賂罪が成立する。判例は、収賄罪についても、贈賄罪についてもこの結論をみとめている。とくに不正の行為を為し、または相当の行為を為さなかったばあいは、刑が加重される（刑法一九七条ノ三参照）。

正当な職務行為に関しても賄賂罪が成立することをおもな根拠として、賄賂罪の法益を職務行為の不可買収性にもとめる見解が主張された。しかし、判例【1】は、職務執行の公正と職務の公正に対する社会の信頼を賄賂罪の法益と解することによって、その点を説明している。学説にも、判例とおなじ見解をとるものが多い（前出六頁参照。なお、ドイツ刑法は、明文をもって、「それ自体としては義務違反でない行為」(an sich nicht pflichtwidrige Handlung)にかんする収賄罪をみとめる。三三一条参照。しかし、贈賄罪については、「職務上又は勤務上の義務の違反を含む行為を為さしめるために」(um ihn zu einer Handlung, die eine Verletzung einer Amts-oder Dienstpflicht enthält, zu bestimmen)なされたばあいのみを処罰する。三三三条参照。フランス刑法は、明文をもって「正当または不当な職務行為もしくは任務行為」(un acte de ses fonctions ou de son emploi, juste ou non)にかんする収賄を処罰するが、贈賄については明文がない。一七七条・一七九条参照）。

つぎの判例【28】【29】は、正当な職務行為にかんしても収賄罪が成立することをみとめたものである。【28】は、正当な職務行為にたいする事後の収受についても収賄罪の成立を肯定している。

【28】「収賄罪ハ公務員又ハ仲裁人カ職務上ノ行為ニ付キ報酬トシテ他人ヨリ不法ニ利益ヲ収受シ又ハ之ヲ要求シ若クハ約束スルニ依リ成立スルモノニシテ其報酬カ職務上ノ行為ニ関スル以上ハ其行為カ正当ナルト否トヲ問ハス均シク収賄罪ヲ構成スルモノトス蓋シ公務員又ハ仲裁人ハ職務上ノ行為ニ関シ法令ノ定ムル場合ノ外報酬ヲ収受スルヲ得サルヲ本義トシ且ツ刑法第百九十七条第一項ニ於テ汎ク職務ニ関シ云云ト規定シ何等ノ制限ヲ加ヘサルノミナラス上記ノ資格者カ其行ヒタル正当行為ニ対シ事後ニ提供シタル報酬ト雖モ之ヲ収受スルトキハ之ニ依リテ少クモ職務カ公平ニ行ハレタルヤ否ヤヲ疑ハシムルノ結果ヲ生シ収賄罪ニ於ケル法益ヲ侵害スヘケレハナリ」（大判大五・六・一三刑録二二・九八一）。

【29】「賄賂ハ必スシモ不正行為ニ対スル反対給付タルコトヲ要セス苟モ公務員又ハ仲裁人カ其職務ニ関シ収受シタル利益ナリトスレハ該職務行為ハ正当ナリトスルモ之ヲ賄賂ト解スルニ付キ何等ノ支障アルコトナキヲ以テ原判決カ被告人ニ於テ請負工事ノ監督上不法ノ措置ヲ為シタリト認ム可キ証拠ヲ摘示セサリシハ

違法ニ非ス」（大判大五・一〇・二四刑録二二・一五八三）。

同趣旨の判例として、大判昭四・一二・四刑集八・六四二、大判昭九・三・二六刑集一三・四一九等がある。

つぎの判例【30】は、事実上手心をする余地がないとしても、その職務に関し金品を収受したばあいは、収賄罪が成立することを判示している点に特色がある。

【30】「原判決ノ認メタル事実ハ之ヲ要スルニ『被告人Xハ広島地方専売局秋穂出張所勤務ノ専売局技手兼書記トシテ所管西岐波及長浜取扱所ニ於テ葉煙草耕作者ヨリ其ノ収納スル葉煙草ノ品質ヲ鑑定スル職務ニ従事シタルモノナルトコロ煙草耕作者ヨリ其ノ収納スル葉煙草ニ付収納前ニ在リテハ被告人ニ対スル右職務上ノ鑑定ニ付有利ナル取扱アリタキ旨ノ請託ノ趣旨ニテ又収納後ニ在リテハ右職務上ノ鑑定ニ付特別ノ取扱アリタルコトニ対スル報酬ノ趣旨ニテ為サレタル判示各供与ノ金銭並財産又ハ饗応ヲ何レモ其ノ趣旨ヲ知悉シ乍ラ判意継続シテ収受シタルモノナリ』ト云フニ在ルヲ以テ右収納鑑定ニ際シテハ所論ノ如ク縦令事実上鑑定等級ニ手心ヲ為スヘキ余地ナク全ク不能ノコトニ属スルモノトスルモ刑法第百九十七条第一項前段ノ罪ノ成立ヲ阻却スヘキモノニ非ス蓋同罪ノ成立スルニハ賄賂ノ収受カ其ノ職務ニ関スルコトヲ以テ足リ同項後段ノ如ク因テ不正ノ処分ヲ為スコトヲ要件トセサルノミナラス賄賂罪ハ公務ノ公正ヲ保護スルコトヲ目的トスル規定ナレハ公務員カ職務ニ関シ収賄スルトキハ世人ヲシテ法律秩序ニ付疑惑ヲ起サシメ以テ公務ノ公正ヲ害スルニ至ル虞アレハナリ」（大判昭一一・五・一四刑集一五・六二六〔研究〕滝川幸辰・刑事法判決批評二巻一九二頁）。

滝川博士は、右の判決について、葉煙草収納後の金品の収受にかんしては収賄罪の成立をみとめるべきでないとされているが、これは、職務行為後の金品の収受について収賄罪の成立を否定される立場から生れる結論であって、事実上手心をする余地がない行為も収賄罪にいう職務であることに反対されているわけではない。

さらに、贈賄罪にかんして、職務行為の正・不正を問わないとした判例として、つぎの判例【31】【32】をあげよう。

【31】「原判決ノ確定シタル事実ハ被告人等ハ逓信局技手トシテ大阪逓信局工務課大阪電話区調理班ニ勤務シ私設増設電話工事設備並電話機械ノ検査等ノ職務ニ従事セルAニ対シ判示ノ時処ニ於テ或ハA技手カ其ノ職務上為シタル検査ニ付便宜ノ取扱ヲ受ケタル報酬ノ趣旨ヲ以テ又ハ同趣旨及将来ノ検査ニ付便宜ノ取扱ヲ受クヘキ謝礼ノ趣旨ヲ以テ判示ノ如ク商品券ヲ贈与シタリト云フニ在リテ該事実就中公務員タルA技手ノ職務ニ関シ商品券ヲ贈与シタルモノナルコトハ所論原判決挙示ノ各証拠ニ徴シ極メテ明白ナル所ナリトス然リ而シテ苟モ公務員ニ対シ其ノ職務ニ関シ報酬又ハ謝礼ノ意味ヲ以テ一定ノ利益ヲ交付シ提供シ又ハ約束スルニ於テハ刑法第百九十八条贈賄罪ヲ構成スヘキハ弁ヲ俟タサル所ニシテ其ノ目的物タル利益カ賄賂性ヲ有スルカ為ニハ必スシモ公務員ニ対シテ或ル不正ノ請託ヲ為スコトヲ要スルモノニ非サルト同時ニ公務員ノ正当ナル職務ノ執行ニ対シ之ニ謝意ヲ表スル場合ト雖其ノ利益ノ供与カ職務ノ執行ト因果ノ関係ヲ認メ得ヘキ以上之ヲ賄賂ナリト解スルニ何等ノ妨ケアルモノニ非ラサルナリ」(大判昭六・一〇・八刑集一〇・六四七)。

【32】「賄賂罪ハ公務員カ其ノ職務ニ関シ不法ノ行為ヲナスト否トニ拘ラス成立シ得ルモノナルカ故ニ公務員カ職務上当然為スヘキ行為ヲ為ス場合ニ於テモ之ニ関シ不法ノ利益ヲ供与シタルトキハ当然賄賂罪ヲ構成スヘキモノナレハ上叙原判示ノ如キ職務上ノ行為ニ対スル報酬トシテ金員ヲ交付シタル行為ハ贈賄罪ニ該当スルコト論ヲ俟タス」(大判昭七・一二・二六刑集一一・一九八八)。

なお、同趣旨の判例として、大判昭五・一一・一四新聞三二三三・一四評論二〇刑法四五、大判昭九・三・二六評論二三刑訴一三七等がある。

八　将来の事情にかかる職務行為と「賄賂」

賄賂罪の対象となる職務行為は、必ずしも賄賂の授受等をした当時に公務員が現にその職務行為を行使する地位にあることを必要としない。公務員が法令のうえで一般的に権限をもっているかぎり、その具体的行使が将来のある条件にかかっているばあいにも、将来行使することがあるかもしれない職務行為に関して賄賂罪が成立する。このような趣旨を、つぎの諸判例が示している（なお、刑法一九七条二項の事前収賄罪の規定が設けられた現在においては、賄賂の概念じたいにとって、それと関連する職務行為が将来のものであってもよいことは、いうまでもない。ただ、刑法一九七条一項および一九七条ノ二の解釈については、問題がのこされる。）。

【33】「凡ソ一ノ事項カ瀆職法ノ意義ニ於テ特定ノ吏員ノ職務ニ関スルカ為メニハ其事項ハ法令ニ其吏員ノ管掌ス可キモノトシテ規定セル職務ノ範囲内ニ属シ其吏員ハ賄賂授受ノ当時既ニ其職務ヲ帯ヒタルコトヲ必要トスルト同時ニ其事項ニシテ苟クモ吏員ノ管掌ニ属スル職務タル以上ハ其執行ハ期限若クハ未必的ナル将来ノ出来事ニ繋リ賄賂授受ノ当時ニ在テハ未タ之ヲ執行スルコトヲ得ルノ地位ニアラサリシ場合ト雖モ尚ホ且ツ賄賂授受ノ犯罪ノ成立スルコトヲ妨ケサルモノトス何トナレハ特定ノ事項カ特定吏員ノ職務ニ属スルヤ否ヤハ其事項ハ其性質ニ於テ其吏員ノ管掌スヘキ職務ニ属スルヤ否ヤニ依リテ定マル可キモノニシテ現ニ之ヲ執行スルコトヲ得ルヤ否ヤハ職務管掌ノ問題ヲ決スルニ付キテ何等ノ影響ヲ及ホスモノニアラサルヲ以テナリ抑モ法律カ賄賂授受ノ所為ニ対シテ刑罰ノ制裁ヲ附シ之ヲ禁セントスル所以ノモノハ他ナシ官公吏ノ正当ナル職務ノ執行ヲ確保シ其職務上ノ品位ヲ維持セントスルカ為メニ外ナラス故ニ其職務ノ執行タル直接現在ニアラスシテ未来不確定ニ属スル場合ト雖モ尚ホ且ツ刑罰ヲ当行スルノ必要アリ瀆職法ハ斯ル場合ヲモ予想シテ制定セラレタルモノナリトス」（大判明四三・七・八刑録一六・一四一三）。

【34】「公務員ノ職務執行ノ目的事項未タ存在セサルカ若クハ職務ノ分配未定ノ為メ特定事件ノ担任カ未必ノ状態ニ在リトスルモ其目的事項発生後将来之ヲ分担処理スルコトアリ得ヘキ地位ニアル公務員ニシテ将来ノ利益ヲ期待スル贈賄者ノ意思ヲ諒シテ賄賂ヲ受クル以上ハ其行為ハ則チ刑法第百九十七条第一項ニ所謂公務員其職務ニ関シテ賄賂ヲ収受シタルモノニ外ナラス」（大判大五・六・三刑録二二・八八四）。

【35】「賄賂罪ニ於ケル請託関係ハ請託者カ事項ヲ特定シテ嘱託スルト否トヲ問ハサルヲ以テ苟モ公務員カ其ノ職務ノ執行ニ依リ将来ノ利益ヲ期待スル贈賄者ノ意思ヲ諒トシテ賄賂ヲ受ケタル以上ハ右職務ノ執行カ不特定又ハ未必的ナル将来ノ事情ニ繋ル場合ト雖収賄罪ノ成立ヲ妨クルモノニ非ス原判決ノ認定判示シタル所ニ依レハ被告人ハ岡山県笠岡土木出張所長トシテ同出張所管内ニ於ケル県営土木事業ニ付(一)工事費一千五百円未満ノ工事ニ於テハ自ラ請負人ヲ選択シテ随意契約ノ形式ヲ以テ工事請負契約ノ締結(二)工費額五百円以内ノ工事ニ付成功検査(三)工費予算額二百円未満ノ範囲ニ於テハ県営緊急工事ノ応急処置(四)工事ノ中間検査及十日以内ノ施行中止又ハ解除ヲ専行スル等ノ職務権限ヲ有シ居リタル間ニ於テ同出張所管内土木請負業A外二名ヨリ執レモ暗ニ同人等カ将来請負施行スヘキ県営諸工事ニ関シ職務上便宜ヲ与ヘラレ度キ旨ノ請託ヲ受ケ其ノ謝礼トシテ被告人ノ実父Bノ死亡ニ因ル香奠ニ藉口シテ各判示ノ現金又ハ郵便小為替券ヲ収受シタリト云フニ在ルヲ以テ叙上ノ理由ニ依リ被告人ノ右判示行為カ収賄罪ヲ構成スルコト明ニシテ……」(大判昭一一・二・二一刑集一五・一三六〔研究〕吉田常次郎・刑事法判例研究二七四頁)。

【36】「被告人Xカ判示金員ヲ収受シタル当時ニ於テハ同町カ判示土木工事ノ施行ニ付未タ町会ノ議決及監督官庁ノ認可ヲ経ス従テ其ノ施行ノ有無未タ確定セス又右議決及認可ヲ経テ愈該土木工事ヲ施行スルコト為リタル当時ニ於テハ被告人Xハ既ニ土木委員ヲ辞シ其ノ地位ニ在ラサリシコト原判文上明白ナルモ此等ノ事情ハ同罪ノ成立ヲ妨クルモノニ非ス何トナレハ公務員ノ職務執行ノ目的事項未タ存在セス其ノ発生カ未必ノ状態ニ在リトスルモ其ノ目的事項発生セハ職務上之ニ関与スルコトアリ得ヘキ地位ニ在ル公務員ニシテ右事項ニ関シ請託ヲ受ケ之カ報酬トシテ金員ヲ収受スル以上其ノ行為ハ刑法第百九十七条第一項ニ所謂公務員其ノ職務ニ関シ賄賂ヲ収受シタルモノニ外ナラスシテ収賄罪ハ右金員ヲ受クルト同時ニ成立シ其ノ後右目的事項発生前該公務員カ其ノ地位ヲ去リタル事ハ毫モ同罪ノ成立ニ消長ヲ及ホスヘキモノニ非サレハナリ」(大判昭七・一一・一七刑集一一・一五八四)。

【37】「賄賂要求罪ハ公務員カ其ノ地位ニ於テ将来執行スヘキ職務行為ニ関シテ賄賂ヲ要求スル場合ニモ

成立スルモノニシテ職務行為ノ内容タル事実カ賄賂要求ノ当時ニ現存スルコトハ同罪ノ成立要件ニ属セサルカ故ニ原審カ所論判示事実ヲ認定シ之ニ対シ刑法第百九十七条第一項ノ賄賂要求罪ニ問擬シタルハ正当ニシテ……」(大判昭九・一一・二六刑集一三・一六〇八)。

【33】の判例は、瀆職法にかんするものであるが、このような事案についてのはじめての判例である。【34】の判例は、「将来ノ利益ヲ期待スル贈賄者ノ意思ヲ諒シテ賄賂ヲ受クル以上」収賄罪が成立すると判示しているが(【35】の判例も同様である)、正確にいえば、職務に関して贈賄することを知って賄賂を受ければ収賄罪が成立するというべきであろう。利益を期待することは、賄賂罪の構成要件要素ではないからである(吉田・刑事法判例研究二七七頁参照)。なお、【36】の判例は、公務員がその職務執行の目的事項が発生する前にその地位を去っても賄賂罪が成立すると解している点に特色をもっている。

ところで、これまでにあげた判例は、いずれも、公務員が法令上すでにその職務をあたえられており、ただ、その職務を行使する時期に達していないか、もしくはその行使が不定の条件にかかっているばあいについてのものであった。このばあいには、公務員は一般的にはすでにその職務を担任しており、法令上一般的権限をもっているわけであるから、その職務に関して賄賂を収受すれば、収賄罪が成立することは肯定されうる。ところが、つぎの判例【38】は、公務員が現在はまだその職務を担任せず、一般的権限をもたないばあいに、将来その職務を執行することがあるであろうと予期して将来その職務に関して収賄した事案について有罪とした点に問題をふくんでいる。本件のばあいは、将来その職務の担任を命ぜられることがかなりの確実性をもっていたと解してのみ、判旨を肯定することができよう（美濃部・公務員賄賂罪の研究六五頁、伊達・賄賂罪・法学セミナー四号二四頁参照）。【38】の判例は、「斯ノ如キ命令ヲ受クヘキ職ヲ奉スル者カ……」という表現によって、前述の確実性をみとめているようであるが、明確ではない。

【38】「被告人ハ銀行検査官補兼大蔵属（〔引用者註〕―大蔵省銀行局特殊銀行課勤務）トシテ上官ノ指揮ヲ受ケ金融機関ノ検査監督ノ職務ヲ有スル者ナルヲ以テ仮令本件犯行当時ニ於テハ所論ノ如ク無尽会社ノ業務検査監督ノ職務ヲ執行スル権能ヲ有セサリシトスルモ既ニ斯ノ如キ命令ヲ受クヘキ職ヲ奉スル者カ将来其ノ職務ノ執行ヲ為スコトアルヘキヲ予期シ之ニ関シテ不正ノ利益ヲ収受シタル以上刑法第百九十七条第一項ノ収賄罪ヲ構成スルニ妨ケアルコトナシ」（大判昭一〇・六・一八刑集一四・六九九）。

九　過去の職務行為と「賄賂」

職務行為は過去のものであってもよい。すなわち、職務執行後に利益の授受等がなされても、賄賂罪が成立する。判例は、つぎに示すように、収賄罪についてだけではなく贈賄罪についても、この結論をみとめている。【39】【40】の判例は、この結論をみとめる実質的理由にふれていない。【42】の判例は、収賄罪について、「世人ヲシテ其ノ（公務員の―引用者註）廉潔ヲ疑ハシメ延イテ職務上ノ威厳ヲ失墜スルニ至ルノ虞ア」ることを理由とし、【43】の判例は、贈賄罪について、「職務カ公平ニ行ハレタルヤ否ヲ疑ハシムルノ結果ヲ生スルコト」を理由にあげている（なお、賄賂の概念じたいにとって、それと関連する職務行為が過去のものであってもよいことは、刑法一九七条ノ三第二項・第三項の規定が設けられた現在においては、もはやあきらかである。ただ、刑法一九七条一項および一九七条ノ二の解釈論としては、問題がのこる。）。

【39】「収賄罪ハ多数ノ場合ニ於テハ将来ニ於ケル職務違反ヲ以テ其目的ト為スモノナリト雖モ常ニ必スシモ将来ニ於ケルモノヲ其目的ト為ササルヘカラサルモノニアラス公務員等ニ於テ或職務ノ執行後正当ノ理由ナク其報酬トシテ財物ノ収受等ヲ為シタルトキハ亦収賄行為アルモノト云ハサルヘカラス何トナレハ其財

物収受等ノ行為ハ其職務ニ関スルモノニシテ公務員等カ其応ニ遵守スヘキ規律ニ違反シ為シタルモノナレハナリ」（大判明四二・一二・一七刑録一五・一八四三）。

【40】「公務員仲裁人カ其職務ニ関シテ賄賂ヲ収受スルニ於テハ刑法第百九十七条第一項ノ犯罪ハ完全ニ成立スヘク賄賂ノ収受若クハ聴許カ職務執行後ニアリタルコトハ犯罪ノ成立ニ影響ヲ及ホササルハ当院判例ノ示ス所ナルヲ以テ原院カ事後ニ於テ賄賂ヲ収受シタル本件被告ノ所為ニ対シ同条ヲ擬シタルハ相当ニシテ上告論旨ハ理由ナシ」（大判明四四・二・二四刑録一七・一六五）。

【39】の判例は、職務執行後の収受等も収賄行為となりうることを理論的にはみとめている。しかし、具体的事実についてみると、収受のとき公務員でなかった者が将来における資格の取得を条件として財物の収受をなした事案について無罪とした第二審判決を維持するための理由の一つとして、右の理論を展開しているにすぎない（もちろん、当時は刑法一九七条二項の事前収賄の規定は存在しなかった。しかし、その結論を理由づけるために右の理論が必要であったかは疑問である）。【40】の判例は、具体的事案としても、市会議員である被告人が、尋常小学校敷地拡張の成立について尽力してくれとの請託を受けて種々斡旋の労をとり、敷地拡張にかんする予算案に賛成して市会を通過させたのち、金員を収受した事実にかんするものである。しかも、このばあい、事前に収受の点についての予約があったことは、判決の事実摘示としては、みとめられていなかった。

ところで、旧刑法についての判例としては、つぎに示す【41】のように、職務執行前に金員の授受についての予約がなく、しかも職務執行後に金員の授受がなされた事案について、収賄罪の成立を否定するものがあった。これは、現行刑法についての判例の結論とは異なっていた。

【41】「其職務ニ関シテ他人ヨリ金品ノ贈与ヲ受ケタル官吏ヲ収賄罪ニ問擬スルニハ其官吏カ金品ノ贈与

ニ対シテ職務上便利ナル取扱ヲ為スヘキコトヲ予約シタルノ事実アルコトヲ必要トスヘク官吏カ単ニ請託者ノ為メニ便宜ノ取扱ヲ為スヘキコトモ約シタルノミニテ金銭ノ供与ニ関シテ何等ノ約ナク官吏カ請託者ノ為メニ尽力ヲ為シタルノ後ニ於テ其尽力ニ対スル報酬トシテ請託者ヨリ金品ノ提供ヲ受ケテ之レヲ収受シタルニ過キサルトキハ官吏収賄罪ヲ構成スルコトナカルヘキハ多弁ヲ要セスシテ明カナリ約言スレハ官吏収賄罪ヲ断スルニ当リ官吏カ事前ニ於テ金品ノ供与ヲ受ケ又ハ之ヲ聴許シタルヤ否ヤヲ以テ犯罪ノ成立不成立ヲ定ムヘキ区別ノ標準トナスヘキモノトス……原判文ヲ査スルニ被告X第五ノ所為ニ付キテハ被告カ湯川区民総代A等ヨリ区有山林分割ノ件ニ付郡参事会ノ認可ヲ得ラルヘク尽力セラレンコトヲ依頼セラル、ニ当リテ之ヲ許容シ斡旋ノ労ヲ取リ郡参事会ノ認可ヲ得タル後Aヨリ謝礼トシテ差出シタル金二百円ヲ収受シタル事実ニシテ金員ノ授受ハ全ク事後ノ事ニ属シ事前ニ於テハ何等金員ノ授受ニ関スル予約ナカリシコト明カナレハXノ所為ハ官吏収賄罪ヲ構成セサルモノトス」（大判明三六・一〇・三〇刑録九・一六〇九）。

そこで、つぎの【42】【43】の判例は、いずれも、職務執行後に利益の授受がなされたときにも賄賂罪の成立をみとめる理由の一つとして、現行刑法が、旧刑法と異なり、請託を受けたことを賄賂罪の成立要件としていないことをあげている。しかし、旧刑法についての【41】の判例もみとめているように、請託の有無と職務執行前の利益の予約とは、かならずしも結びつく問題ではない。そしてまた、請託の有無と職務執行後の利益の授受とも別個の問題である。現行刑法一九七条一項後段についての判例も、職務執行後の収賄のばあいにも受託収賄が成立しうることをみとめている（最判昭二七・七・二二刑集六・七・九二七参照。なお、この点については、拙稿「賄賂罪における『請託』の概念」ジュリスト一五〇号・五二頁参照）。したがって、収賄罪の成立のために請託をうけたことを必要としないことは、職務執行後の利益の収受について収賄罪の成立をみとめる理由とはなりえないであろう。それをみとめる理由は、賄賂罪が成立するためには、賄賂と職務行為との間になんらかの関連性（対価関係）があれば足りること、および職務の公正に対する社会の信頼を害することにあるというべきである。

【42】「旧刑法第二百八十四条ハ官吏人ノ嘱託ヲ受ケ賄賂ヲ収受シ云々ト規定シタリシカ故ニ同法ノ下ニ於テハ論旨ノ如キ解釈ヲ容ルルノ余地アリタリシモ刑法第百九十七条第一項ハ右旧規定ノ字句ヲ修正シテ公務員又ハ仲裁人其職務ニ関シ賄賂ヲ収受シト為シ汎博ナル文字ヲ使用セルカ故ニ苟モ職務行為ニ関シテ賄賂ヲ収受シタル以上ハ其ノ収受カ職務ノ執行前ナルト否トヲ問ハス之ヲ処罰スルノ法意ニシテ所論ノ如ク職務執行前ニ限レルモノト解スルニ由ナキノミナラス公務員カ事前事後ヲ問ハス職務執行ニ関シ直接間接ニ利益ヲ獲得スルカ如キハ世人ヲシテ其ノ廉潔ヲ疑ハシメ延テ職務上ノ威厳ヲ失墜スルニ至ルノ虞アリ殊ニ事後ノ収受ハ之ヲ禁セストセンカ或ハ将来ノ利得ヲ予期シ職務ヲ私スルニ至ルノ弊ナキヲ保セサルヘク更ニ進ンテ謝礼慰労等ノ名義ノ下ニ事前ニ於ケル請託関係ヲ掩蔽シテ不当ニ免責ヲ僥倖スルノ悪結果ヲ来スノ恐アルヘキヲ以テ前段解釈ハ当ヲ得タルモノト謂ハサルヘカラス」（大判大二・一二・一三刑録一九・一四二二）。

【43】（事実）　被告人は昭和八年七月一日長崎医科大学に学位請求論文を提出し、当時同大学教授であったXの主査のもとに同年九月一八日の教授会において学位授与の決定を受け、同年一一月一〇日医学博士の学位を得たのであるが、同年一〇月頃Xの宅に赴きXの妻Yの手を経て、論文審査につき通過するよう尽力せられたことの謝礼の趣旨を以て一五〇円を贈呈した。

（判旨）　「苟クモ公務員ニ其ノ職務ニ関シ利益ヲ提供交付又ハ約束スルニ於テハ开カ職務執行前タルト其ノ執行中タルト将又其ノ後タルトヲ問ハス贈賄罪ヲ構成スルモノトス蓋シ職務執行後ニ於ケル謝礼ノ意味ヲ以テスル利益提供交付ノ如キハ一見事ニ害ナキニ似タリト雖之ニ因リテ職務カ公平ニ行ハレタルヤ否ヤヲ疑ハシムルノ結果ヲ生スルノミナラス此ノ如キヲ看過スヘキモノトセンカ終ニ苟苴ノ弊勝フヘカラサルモノアルニ至ルヘシ是レ現行刑法カ旧刑法ト異リ請託ヲ必要トセサルニ至リシ所以ニシテ又本院判例カ夙ニ事後ニ於ケル職務ニ関スル利益ノ授受ヲ賄賂罪ヲ以テ問フ所以ナリトス」（大判昭一〇・五・二九刑集一四・五八四〔研究〕滝川幸辰・刑事法判決批評二巻一八一頁）。

【43】の判例は、贈賄罪にかんするものであるが、この判例については、滝川博士のつぎのような批判がある。「職務非売性の原則の破壊は行為前または行為中の職務行為について認められ、行為後に公務員の予期しない贈物をすることは職務非売性の原則を破るものではない。職務行為は既に職務非売性の原則に従ひ終了したのである。職務行為が義務に違反するものである限り、行為後の贈物は不正行為の認容であり公務員の不法を助長することになるが、これによって賄賂罪の本質たる職務非売性の原則の破壊を認めることは出来ない。」このような根拠に立って、博士は、【43】の判例に疑問を示され、職務執行後の贈物の供与等について贈賄罪の成立を否定されたのである（滝川・前掲判決批評一八七頁。ただし、最近では職務執行後の贈物についても収賄罪の成立はみとめられるようである。滝川・刑法各論・昭二六・二五四頁参照）。わが国の学説は、滝川博士の右の主張をのぞいては、とくに判例の見解に対して疑問を示していない（この問題について、判例の態度に積極的に賛成するものとして、たとえば、泉二・日本刑法論・各論四七三頁、美濃部・公務員賄賂罪の研究七九頁以下等参照）。

職務執行後の利益の収受等について収賄罪の成立を否定すべきことを、つよく主張したのは、ビンディングである。ビンディングは、贈収賄行為は職務行為に対し「悪い影響をおよぼす原因」(bedenklicher Bestimmungsgrund) でなければならないということを、その主張の基礎にしている。かれによれば、賄賂罪は「規定犯罪」(Bestimmungsverbrechen)であり、賄賂罪の規定は、職務義務違反へと規定されることを防止しようとするものなのである（Binding, Lehrbuch des gemeinen deutschen Strafrechts, 2. Bd., S. 713, S. 727, S. 730）。しかし、ドイツにおいても、判例・通説は、職務執行後の利益の収受等についても収賄罪の成立をみとめている（RGSt. 63, 369; Liszt-Schmidt, Lehrbuch des deutschen Strafrechts, 25. Aufl., S. 819; Maurach, Deutsches Strafrecht, Besonderer Teil, 2. Aufl., S. 621; Schönke-Schröder, Strafgesetzbuch 9. Aufl., S.1169; Leipziger Kommentar, 8. Aufl., S. 683）。ただし、贈賄罪にかんしては、ドイツ刑法三三三条が、義務の違反をふくむ行為を為さしめるための贈賄のみを処罰しているのに対応して、判例・通説ともに、すくなくとも行為者の見解からみて職務行為が将来のものであるばあいにのみ贈賄罪の成立をみとめていることに注意しなければならない（RGSt. 19, 208; 62, 98; Liszt-Schmidt, a.a.O., S. 820; Schönke-Schröder, a.a.O., S. 1175; Leipziger Kommentar, S. 689）。

一〇　職務行為の不作為と「賄賂」

職務行為は、作為であると不作為であるとを問わない。職務行為の不作為について賄賂罪の成立をみとめた判例として、つぎの【44】【45】【46】等がある。為すべき職務行為を為さないで、そのことに対して賄賂を収受すれば、作為の職務行為に対して賄賂を収受するばあいと同様に、職務行為の公正を害するから、判例の態度は正当である（フランス刑法は、明文をもって、「職務行為または任務行為を為しまたは為さない」（faire ou s'abstenir de faire un acte de ses fonctions ou de son emploi）ことにかんする賄賂罪の成立をみとめている、一七七条・一七九条参照）。

【44】「村会議員ハ村会ニ出席シテ議事ニ干与スルヲ以テ其職務トスルコト洵ニ論旨ノ如クナルヲ以テ村会議員カ故ラニ闕席シテ議事ニ干与セサルハ其職務ニ違反スル行為ナリト云ハサル可カラス而シテ職務違反ノ行為モ亦之ヲ職務ニ関スル行為ト為スヘキコト論ヲ俟タサレハ……」（大判大五・一一・一〇刑録二二・一七一八）。

【45】「巡査ハ日常司法警察官ノ指揮ノ下ニ補助者トシテ捜査ニ従事スルヲ職務トスルモノナルカ故ニ巡査カ賭銭博奕ヲ探知シテ取調ニ着手シ又ハ其取調ヲ中止スルカ如キハ皆其職務ニ関スル行為ナリト云フヘク従テ其取調中止ニ対スル謝礼トシテ提供セラレタル金銭ヲ収受シタル本件ノ事実ハ公務員カ其職務ニ関シ賄賂ヲ収受シタル罪ニ該当スルモノトス」（大判大八・三・三一刑録二五・四八三）。

【46】「原判示のような輸送中の闇物資の摘発は省線日豊線杵築駅に勤務する警備掛（運輸事務官三級）としての被告人Xの職務に関渉し、これと、密接な関係を有することであるから、同被告人が原判示のように闇物資の輸送につきこれを黙認するように請託を受け賄賂を収受した以上、刑法一九七条一項後段の罪が成

立する」（最判昭二八・四・二八刑集七・四・八八七）。

【46】の判例は、職務執行と密接な関係のある行為（後出七五頁以下参照）の不作為についても、収賄罪の成立をみとめたものである。

一　転職と「賄賂」

公務員が他の職務に転職した後、転職前の職務に関して賄賂を収受・要求・約束するのは収賄罪になるであろうか。

（一）　判例は、はじめ、つぎの【47】に示すように、転職前の約束にもとづく転職後の収受について賄賂収受罪の成立を否定した（ただし、この判例は、賄賂約束罪の成立をみとめている）。

【47】　「按スルニ収賄罪ノ成立要素ハ第一公務員又ハ仲裁人ナルコト第二其職務ニ関スルコト第三其職務ニ関シ賄賂ヲ要求又約束シ若クハ収受スルコトニ在ルヲ以テ賄賂ヲ要求約束又ハ収受ノ当時ニ於テ此等ノ要素ヲ具備スルニアラサレハ各収賄罪ノ成立セサルコト論ヲ俟タス而シテ公務員ニシテ其職務ニ関シ賄賂ヲ約束シ後転シテ他ノ職務ヲ執ルニ至リ曩ノ約束ニ基キ金品ヲ収受シタルトキハ収受当時ニ於ケル職務ハ約束当時ノ職務ト異ナルカ故ニ公務員ノ職務ニ関シ賄賂ヲ収受シタルモノト謂フヲ得ス従テ賄賂収受罪トシテ処分スルヲ得サルモノトス然レトモ賄賂ヲ約束シタル当時ニ於テハ賄賂約束罪トシテ其要素ニ欠クル所ナキヲ以テ如此キ場合ニ在ツテハ賄賂約束罪ヲ以テ処罰スヘク賄賂収受罪ヲ以テ処罰スヘキモノニアラス原判決ニ依レハ被告Xハ帝室林野管理局主事奉職中其職務ニ関シ賄賂ヲ約束シ後チ転シテ全ク其職務ヲ異ニセル宮内省会計審査官奉職中該約束ニ基キ金員ヲ収受シタル事実ナレハ賄賂約束罪ヲ以テ処分スヘキモノナルニ原判決ハ事玆ニ出テス右金員収受ノ事実ヲ賄賂収受罪トシテ処断シタルハ擬律錯誤ノ違法アリト謂ハサル可ラス」（大判大四・七・一〇刑録二一・一〇一一）。

(二)　その後の判例として、つぎにあげる【48】のように、賄賂収受罪の成立をみとめるものがあらわれたが、これは【47】の判例が「全ク其職務ヲ異ニ」したとしているのに対して、「職務ニ異同ヲ生シタルモノト謂フヲ得サル」ことを理由としていた。その趣旨は、転職によって具体的権限に変更が生じても一般的抽象的権限に変更は生じないとするにあったのであろうか。

【48】　「原判決証拠理由ノ説示ニ依レハ被告Xカ判示第一工区工事監督ノ事務ヲ担任シタル時ヨリ収賄当時ニ至ル迄引続キ鉄道院技手トシテ多度津建設事務所ニ在勤セルコト明ニシテ仮令同事務所ニ於ケル事務分配上同被告カ鉄道院技手トシテ担任スル事務ニ変更ヲ生スルコトアルモ之カ為メ収賄罪ノ構成要素タル公務員ノ職務ニ異同ヲ生シタルモノト謂フヲ得サルカ故ニ同人カ前示第一工区工事監督ノ執務ニ対スル謝礼トシテ物品ノ贈与ヲ受ケタルコト判示ノ如クナル以上ハ受贈ノ当時鉄道院技手トシテ同一建設事務所ニ於テ他ノ事務ヲ執リタルモ其行為ハ公務員カ其職務ニ関シ賄賂ヲ収受シタルモノニ該リ収賄罪ヲ構成スルヤ論ヲ俟タス」(大判大六・六・二八刑録二三・七三七)。

なお、同趣旨の判例として、同一県内の甲土木管区から乙管区に転勤した後甲管区の工事監督に関し金品を収受した事案(大判大一一・四・一刑集一・二〇二)、甲駅助役から乙駅駅長に転職した鉄道局書記が転職前の職務に関し金品を収受した事案(大判昭一一・三・一六刑集一五・二八二)についての判例がある。さらに、贈賄罪にかんする同趣旨の判例として、甲課勤務から乙課勤務に転じた府県属に対し甲課勤務中の職務に関し金円を贈与した事案(大判大一四・二・二〇刑集四・八〇)、甲税務署から乙税務署に転勤した税務属に対し甲税務署における職務に関し金品を交付した事案(大判昭九・一二・四刑集一三・一六四七)についての判例がある。

(三)　ところが、最高裁判所の判例【49】は、さらにすすんで、収受の当時において公務員である以上は収賄罪が成立すると解するにいたった。この判例の事実は上告趣意によって知るほかはないが、それによれば、岸和田税務署直税課から浪速税務署直税課に転勤したというのであるから、【48】の判例の考え方によっても、おなじ結論に達することができたばあいであろうが、この判例は、それと異なる理由づけをこころみたのである。この理由によれば、【47】の判例の事案についても、その判例の結論とは異なって、賄賂収受罪の成立をみとめるべきであるという結論になる。

【49】「収賄罪は公務員が職務に関し賄賂を収受するによつて成立する犯罪であつて、公務員が他の職務に転じた後、前の職務に関して賄賂を収受する場合であつても、いやしくも収受の当時において公務員である以上は収賄罪はそこに成立し、賄賂に関する職務を現に担任することは収賄罪の要件でないと解するを相当とする。それ故前職と後職との間に職務上の関連があり且つ後者が優位的立場にあることを要するとの見解に立ち本件において収賄罪の成立を否定する論旨は採用できない。」(最判昭二八・四・二五刑集七・四・八八一)。

なお、贈賄罪にかんする同趣旨の判例として、大阪府土木部特別建設課工事係長から大阪府建築部指導課職務係長に転勤した大阪府技術吏員に対し転勤前の職務に関し贈賄した事案について【49】の判例とおなじ理論構成をこころみた判例がある。

【50】「贈賄罪は公務員に対してその職務に関し賄賂を供与するによって成立し、公務員が他の職務に転じた後、前の職務に関して賄賂を供与する場合であっても、いやしくも供与の当時において公務員である以上は贈賄罪はそこに成立し、公務員が賄賂に関する職務を現に担任することは贈賄罪の要件でないと解するを相当とする。この点に関し原審が転任に因ってその一般的職務に異同を生ずるものではないと説示したのは現在の職務関係に拘泥するきらいがあって措辞適切を欠くものがあるけれども、転任後も公務員たる資格あることによって贈賄罪の成立を認めた点は両者異なるところがないから、原判決は結局正当である。論旨

引用の大正一一年(れ)第一〇八一号、同年一〇月二〇日の大審院判例は公務員たる資格を喪失後、前の職務に関して賄賂を収受した事案であり、また大正四年(れ)第三四五号、同年七月一〇日の同院判例は同院その後の屢次の判例(大正六年(れ)第一〇九一号、同年六月二八日判決、大正一〇年(れ)第二一〇六号、同一一年四月一日判決、大正一三年(れ)第二〇六九号、同一四年二月二〇日判決、昭和九年(れ)第一一七四号、同年一二月四日判決、昭和一〇年(れ)第一七六七号、同一一年三月一六日判決)によって変更せられたものと認めるのが相当であって、これまた本件に適切でない。それ故贈賄罪の成立を否定する論旨は理由がない。」(最判昭二八・五・一刑集七・五・九一七)。

この判例は、【47】の判例は【48】の判例によって変更されたとみとめるのが相当であるとしているが、【47】は転職により職務の変更があったと認定したばあいにかんする判例であり、【48】は転職によって職務に異同が生じないと認定したばあいにかんする判例であるから、そのようにいえるかは疑問である。むしろ、【49】【50】の判例こそ、従来の大審院の判例の態度を変更したものというべきであろう。

(四)　ところで、学説のうちにも、【49】の判例があらわれる以前に、同一の見解を示しているものが存在した(牧野・日本刑法下巻・昭一六・二六二頁、小野・刑法講義各論・昭二四・五七頁、木村刑法各論昭三二・二九四頁、美濃部・公務員賄賂罪の研究・昭一四・八七頁)。美濃部博士は、【48】と同趣旨の判例が、いずれも、職務に異同を生ずるものではないということを根拠としていることは誤りであると指摘され、その理由として、「上官の命に依り、或る課、或る税務署、他の駅に転勤を命ぜらるれば、其の職務は前とは全く異なったものとなるのである」(前掲八六頁)といわれる。そして、転職前の職務に関し収賄することは、「結局現在担任する公務の威信をも害する虞あるものと謂はねばならぬ」(前掲八七頁)とされるのである。しかし、賄賂罪の法益として職務の公正とそれに対する社会の信頼とを問題にするばあいには、あくまで、賄賂の授受と関連性のある職務について問題をとりあげるべきであろう。したがって、【49】の判例は、過去の職務の公正に対する社会の信頼を害するおそれがあると解してのみ支持されるのではないだろうか。たしかに、過去の職務の公正に対する社会の信頼を害するおそれは、転職ではなく退職したばあいにも生じる。が、退職後、退職前の職務に関して利益を収受しても刑法一九七条一項の収賄罪は成立しないとされている（刑法一九七条ノ三第三項の要件をそなえれば、いわゆる事後収賄罪が成立することは、いうまでもない）。この差異は、刑法一九七条一項が主体を公務員に限定していること、および、刑法一九七条ノ三第三項が公務員たりし者について特別に規定していることに求めるべきであろう（伊達「賄賂罪」法学セミナー四号二五頁参照）。いずれにしても、【49】の判例が、「収受の当時において、たんに公務員である以上は収賄罪はそこに成立」するということだけを理由としているのは、収賄罪においてたんに公務員の廉潔性だけを問題にするのではなく職務との関連性を必要とするかぎり、理由づけとしては、充分とはいえない。

なお、【49】の判例の理由について、疑問を示す学説として、江家博士のつぎのような見解がある。「この判例は行き過ぎである。賄賂の収受、要求又は約束が現にその担当する職務に関してなされることは、収賄罪の要件であると解しなければならない。ただ、その職務権限は抽象的権限であれば足り、具体的権限のいかんを問わないだけである。いいかえるならば、公務員が転職によりその具体的権限に相違が生じても収賄罪の成否に影響を与えないが、少くともその抽象的権限は同一のものでなければならない」（刑法各論・昭三一・六九頁）。さらにまた、植松教授は、つぎのように主張される。「職務に関することが要件であるから、全然関係のない職務に転じて後、前の職務に関して収受、要求、約束等があったとしても、それは退職後の行為に準じ、本罪にならないものと解すべきである。法文に『公務員……其職務ニ関シ』とあるから、転職後といえども公務員たる身分があれば、犯罪が成立するようにも見えるが、『其職務』とあるのに徴すれば、その担当職務の範囲につき、少くとも抽象的関連があるものでなければならない」(刑法概論Ⅱ各論・昭三四・六五頁)。これらの学説は、いずれも【48】の判例に近い理論構成を示している。

二　経済関係罰則ノ整備ニ関スル法律二条の「職務」と「賄賂」

賄賂罪についての特別規定のうち、判例でとくに問題とされたのは、経済関係罰則ノ整備ニ関スル法律(以下「経罰法」と略称する)の二条にいう「其ノ職務ニ関シ」の意義についてである。この点について、判例は三つの考え方に分れている。第一はこれを広義に解する考え方をとる判例【51】であり、第二はこれを狭義に解する考え方をとる判例【52】である。そして第三は、これら二つの考え方の中間をとる判例【53】である。

まず、広義説をとる代表的判例【51】は、経罰法二条は、統制にかんする業務をなす会社のうち別表乙号に指定したものの役職員の職務にかんするかぎり、それが統制にかんする業務自体であると否とを問わず、賄賂罪として処罰する趣旨であると解し、つぎのように判示する。

【51】(事実)　Xは甲銀行乙支店長として顧客に対する資金融通等同支店の銀行業務の一切を総括執行する職務に従事していた。被告人Yは丙会社の社長であってかねて右銀行支店と取引をしていた。ところが、被告人Yは右Xからその実弟が失業して困っているのでその援助資金に融通してくれるよう申込まれ、平素同人より同銀行業務として資金融通等について世話を受けていることに対する感謝の趣旨で金三万円を同人

に融通交付した。

（判旨）「経済関係罰則ノ整備ニ関スル法律第二条ハ『……其ノ他経済ノ統制ヲ目的トスル法令ニ依リ統制ニ関スル業務ヲ為ス会社若ハ組合又ハ此等ニ準ズルモノニシテ別表乙号ニ掲グルモノノ役員其ノ他ノ職員其ノ職務ニ関シ賄賂ヲ収受シ……』と規定し、本条の適用を受ける役職員の属する会社等については経済の統制を目的とする法令により統制に関する業務をなすもので別表乙号に掲ぐるものという制限を設けているが、その役職員の賄賂罪の対象となる職務については、法文上単に『其ノ職務』と記載し、特にその職務の内容について制限を設けていないばかりでなく、元来右にいうような統制に関する業務は国の行う経済政策の一環としてなすものであって、その性質上一種の公務に準ずると見らるべきものであるから、かかる業務を司る会社等の役職員は公務員と同じく常に公正な執務の態度を要請せられるものであるに鑑み、本条は右会社等のうちに特に重要と見られる別表乙号に指定したものの役職員の地位そのものを罰則の適用について公務員に準ずるものとし、その職務に関する限りそれが統制に関する業務自体であると否とを問わず、賄賂罪として処罰する趣旨と解するのが相当である。」（大阪高判昭二七・一一・一八刑集五・一二・二〇〇一）。

ただしかし、本件の事実についてみると、かりに経罰法二条にいう職務とは統制にかんする事務にかぎるという見解をとっても、Xの本件銀行事務の執行は同条にいう職務にあたるばあいであるから、いずれにせよ賄賂罪が成立することは否定できないであろう。

つぎに狭義説をとる代表的判例【52】は、経罰法二条の「職務ニ関シ」にいう「職務」とは同法別表乙号に掲げられたものの職務全般を指すものではなく、独占事業会社が行う事業のうち独占的性質をもつ事項を内容とする事務もしくはその統制団体の行う事務のうち統制に関する事務すなわちその本来の事業に関する事務だけに限るべきものと解し、つぎのように判示する。

【52】（事実） 被告人Xは地方鉄道業を営む甲電気鉄道株式会社常務取締役で臨時建設部長の職務を担当し、電化工事に関する請負契約の締結ならびに該工事の施行中その監督に当る職務を担当していた。被告人Yは右会社の主任技術者で臨時建設部次長に就任し、前記電化工事の実施に当りその技術面の監督の職務を担当していた。被告人Zは乙電気工事株式会社常務取締役で同会社が前記甲会社の経営にかかるA・B間の鉄道線路の電化工事に関しその架線工事を同会社から請負うに当り、自ら代表してその衝にあたっていた。そして、被告人Xは被告人Zから、前記電化工事中架線工事を乙会社に請負わすことの謝礼ならびに将来工事の施行に当り便宜な取扱いを受けたいとの謝礼の趣旨で交付するものであることとの情を知りながら現金二五万円を収受した。また、被告人Yは被告人Zから同人が前記電化工事の実施に当り将来便宜な取扱いを受けたいことの謝礼の趣旨で交付するものであることとの情を知りながら現金一〇万円を収受した。

（判旨） 「経済関係罰則ノ整備に関する法律第二条にいうところのその職務に関しとある職務とは同法別表乙号に掲げられたもののもつ職務全般を指すものではなく、独占事業会社が行う事業の内独占的性質を持つ事項を内容とする事務若しくはその統制団体の行う事務の内統制に関する事務即ちその本来の事業に関する事務だけに限るべきものと解するを相当とする。尤も同法第二条には単にその職務に関しと規定し職務の内容については格別制限を明記していないけれども同法が特にその内容とする事務の公共的性質に鑑み、独占的業務の規制並びに経済統制の必要上その罰則の強化を目的として商法第四九三条の特別法として立法せられた趣旨及び経済関係の罰則整備に関する法律第一条所定の団体等の役職員が公務員と看做される旨規定されているに反し同法第二条所定の役職員は公務員と看做されず同法第一条と区別されている点などから見てかように解釈するのが最も立法の趣旨に副うものと云うべきである。或はその業務とは右の如き会社団体等の本来の業務に関する事務のみに限らずこれらの業務と密接の関係にある事務をも含むべきものと解する説があるかも知れないが斯かる曖昧な解釈は刑罰法規の解釈として適正でないのみならず立法の趣旨並びに他の罰則との関係につき前段に説明したところに徴しこれを肯認しない。今本件についてこれを見るに地方鉄道法に依つて営業する原判示甲電気鉄道株式会社の業務中当然に独占となるべき業務とは勿論運輸に関する業務であり同会社が線路の一部を電化するに当りその電化工事を請負わすことは会社の業務の一部には相違ないけれども鉄道会社の当然に独占となるべき業務には当らないからこれを以つて経済関係の罰則整備に関する法律第二条にいうところの役職員の職務と云うことはできない。」(高松高判昭二八・七・二八刑集六・八・一〇四〇)。

ところで、中間説をとる最高裁判所判例は、狭義説をとる【52】の判決に対する上告審判決として、経罰法二条にいう「其ノ職務」とは、同条の定める会社組合またはこれらに準ずるものの役職員の職務であれば同条にいう事業または業務にかかわりなくすべてを含むと解すべきではないが、本来の独占的または統制的性質をもつ業務に局限すべきでなく、本来の事業または業務を行うために必要な関係にある事務をも含むものと解するのを相当とするとして、つぎのように判示する。

【53】「『経済関係罰則ノ整備ニ関スル法律』二条が、同条の定める会社、組合またはこれらに準ずるものについて、その事業または業務を限定するところにかんがみるときは、同条にいう役職員の職務とは、その職務であれば右にいう事業または業務にかかわりなく、すべてを含むと解すべきでないことというまでもないが、他面、立法の趣旨がこれらの事業または業務の公共的性質に主眼をおくことを考え合わせると、これを厳に本来の独占的または統制的性質をもつ事務に局限すべきでなく、本来の事業または業務を行うために必要な関係にある事務をも含むものと解するのを相当とする。本件土佐電気鉄道株式会社が右法律二条別表乙号三〇にいう『地方鉄道法第十二条ノ規定ニ依ル免許ヲ受ケ地方鉄道業ヲ営ム者』である以上、同会社が線路の一部を電化するに当り、その架線工事を請負わせることは、その会社の本来の事業たる運輸事業自体とはいえないが、これを行うために必要な関係にある事務であること明らかである。従つて右会社の役職員がこのような事業を担当している場合には、その事務は右法律二条のいう職務に当るものと解しなければならない。さすれば、原判決がこれを同条の職務に当らないとして、被告人等に対し無罪の言渡をした第一審の各判決を支持したのは、法令の解釈を誤った違法があり、結局、論旨は理由があるに帰する。」(最判昭三〇・五・一〇刑集

九・六・九七三〔研究〕竜岡資久・解説一四二頁）。

広義説をとる判例【51】は、その根拠として、(1)経罰法二条が法文上たんに「其ノ職務」と規定し、とくにその職務の内容について制限をつけていないこと、(2)統制に関する業務は国の行う経済政策の一環としてなすものであり、その性質上一種の公務に準ずるから、このような業務を司る会社の役職員は公務員と同じく常に公正な執務の態度を要請されることをあげている。(1)は文理解釈にもとづく理由であり、(2)は実質的理由である。この見解は、経罰法が、同法一条所定の団体等の役職員を公務員とみなしたにもかかわらず、同法二条所定の会社等の役職員を公務員とみなさずに特殊の規定を設けたことに、本質的な区別をみとめようとしていない。これに反して、狭義説をとる判例【52】は、経罰法一条と二条との間に右の区別があることをその重要な根拠としているから、まさにこの点に両者の基本的差異があるといえる。

ところで、経罰法一条が同条所定の団体等の役職員を公務員とみなしたのは、これらの団体等の業務の公共的性格を二条所定の会社・組合等の業務の公共的性格より強度のものとみたからであろう。すなわち、一条所定の団体等には、国家機関に準ずるようなきわめて強い公共的性格があたえられているとみることができる。それゆえにこそ、これらの団体等の役職員は公務員とみなされ、これらの団体の事務に属するかぎり、それがその団体の本来的事務であると否とを問わず、すべて公務員のばあいとおなじように、それにかんする贈収賄が犯罪とされているのである。これに反して、同法二条所定の会社・組合等は、その事業が独占的性格をもち、もしくは経済統制にかんする業務を行うために、その限度で公共的性格がみとめられているとみるべきであろう。したがって、同法二条の目的は、そこに規定された会社・組合等の営む独占的事業もしくは経済統制にかんする業務の公正を維持することにあるというべきである（経罰法一条と二条の差異については、伊達秋雄「経済瀆職罪と職務の意義」会社犯罪の理論と実例昭三四所収・一一一―一二頁参照）。このように、経罰法一条と二条とに本質的差異がある以上、広義説の見解をとることはできない。そして、経罰法二条所定の会社・組合等の役職員について収賄罪の成立がみとめられるのは、ただそれがかかる会社・組合等の役職員であるからではなく、まさに同法二条にいう独占的事業もしくは経済統制にかんする業務を行う会社・組合等の役職員であるからであるということになる。したがって、経罰法二条にいう「其ノ職務」は、独占的事業もしくは経済統制にかんする業務を前提とするものに限られると解すべきである。

　最高裁判所の判例【53】は、右のような限定のあることをみとめながら、狭義説をとる【51】の判例とは異なって、経罰法二条にいう「其ノ職務」は、本来の事業または業務を行うために必要な関係にある事務をもふくむと解した。これは、刑法典に規定された賄賂罪にいう「職務」のうちに「職務と密接な関係を有する行為」をもふくめる判例の基本的態度と共通の基盤をもつ考え方であろう（なお、竜岡調査官は、「聞仄すれば、この判決にいう『必要』は、『密接』よりは狭く、『不可分』よりは広い趣旨だとのことである」と指摘される。前掲解説一四八頁）。そして、中間説をとるこの判例【53】は、経罰法二条の目的を、独占的事業もしくは経済統制事務について間接的にでも不正の行われる危険性を防止しようとすることに求める見解に立つものといえよう。しかし、経罰法二条の目的は、むしろ、独占的事業もしくは経済統制事務そのものの公正を維持しようとする点にあるとみるべきではなかろうか。賄賂によって、独占的事業もしくは経済統制事務そのものの公正が直接に侵害され、その結果国民一般が不利益を受けることを防止しようとするのが経罰法二条の趣旨ではなかろうか。そしてまた、「本来の事業または業務を行うために必要な関係にある事務」という概念を用いることは、結局、その会社・組合等の行うすべての事務をふくむことになり、狭義説とおなじ結論になるのではなかろうか。判例【52】の事案についていえば、電鉄会社が線路の一部を電化するにあたりその架線工事を請負わせることは、独占的事業としての運輸にかんする業務それ自体ではなく、国民一般の利害に直接にかかわるものとはいえないであろう。中間説をとる判例【53】の考え方によれば、その請負工事にかんして賄賂が授受されることによって、不当な請負代金が支払われて会社の経理状態が悪化し、運賃値上が行われて国民一般の利益が侵害されるというのかもしれない。しかしこのような間接的危険をも問題にするならば、電鉄会社が行うすべての事業、たとえば百貨店・遊園地・野球場等の経営などについても、それが電鉄会社の経理状態と関連性をもつかぎり、経罰法二条が適用されることになるのではなかろうか。このようにみてくれば、狭義説の見解が妥当というべきであろう（この点については、伊達・前掲一三―一四頁参照。伊達判事は、狭義説をとられる一つの根拠として、商法四九三条の存在をあげられ、「右の電化工業請負契約に関し収賄したような場合には、この商法上の収賄罪の規定によって処罰の目的を達し得るのである」とされる。そして、中間説をとるときは、「一般法たる商法の規定による処罰の対象と特別法たる本条の処罰の対象との間にその保護法益に関する本質的区別を見失うに至るものといわざるを得ないのである」と指摘される。前掲一四頁）。

なお、つぎにあげる判例【54】は、前掲【53】の判例を引用して、関西配電株式会社（現在関西電力株式会社）の資材課長の職務である「機器の修理契約その代金の支払手続等」および同課員の職務である「変圧器等古機器の払下」は経罰法二条にいう役職員の職務にふくまれると解している。

【54】「原審の支持する第一審判決の確定する事実によれば、関西配電株式会社（現在関西電力株式会社）

は、被告人の本件犯行当時前記法律別表乙号二十九号所定の事業を営む者であり、被告人の贈賄の相手方である判示A、同Bはいずれも同会社の職員であって、Aについては、その職務である機器の修理契約その代金の支払手続等に関し、またBについてはその職務である変圧器等古機器の払下に関し、判示のような趣旨の下に判示金額をそれぞれ供与し贈賄したというのである。前記判例（【53】―引用者註）の趣旨によってこの関係を考えてみると、右共同被告人等の判示業務は、前記法律二条にいう役職員の職務に含まれるものと解するを相当とする。」（最判昭三〇・七・五刑集九・九・一八〇五〔研究〕高橋幹男・解説一八六頁）。

一三　賄賂の概念と「請託」の要否

賄賂は職務行為に関するものであれば足り、請託を受けたこと、すなわち一定の職務行為を行うように依頼を受けたことは、賄賂の概念にとって必要でない。現行刑法については、判例・学説ともにこの結論を明白にみとめている。つぎの諸判例が、このことを判示している。

【55】「収賄罪ハ公務員又ハ仲裁人其職務ニ関シ賄賂ヲ収受スルコトニ因リテ成立シ必シモ収賄者カ其職務上不正ノ行為ヲ為シ又ハ相当ノ行為ヲ為ササルヘク請託ヲ受クルコトヲ要セサルナリ」（大判明四四・五・一九刑録一七・八七九）。

【56】「凡ソ収賄罪ハ利益ト職務行為トノ間ニ給付ト反対給付トノ関係アルヲ以テ足ルモノニシテ公務員カ職務ニ対シ関係者ノ請託ヲ容レタルコトヲ要スルモノニ非ス本件ニ付原審ノ判示スル事実ニ依レハ被告ハ帝室林野管理局ノ技手トシテ為シタル御料林貸下出願ニ係ル御料地ニ関シ測量料金査定等ノ職務執行ニ対スル謝礼トシテ右御料地ノ貸下出願関係者ヨリ合計金百五十円ヲ収受シタルモノナレハ被告ノ職務執行ト金銭ノ収受トノ間ニ給付ト反対給付ノ関係アルコト原判文上明ナルヲ以テ原審カ之ヲ収賄罪ニ擬律シタルハ相当ニシテ本論旨ハ其理由ナシ」（大判大三・四・一六刑録二〇・五八一）。

【57】「収賄罪ハ公務員又ハ仲裁人其ノ職務ニ関シ賄賂ヲ収受スルニ因リ成立シ必シモ収賄者カ贈賄者ヨリ請託ヲ受クルコトヲ要セサルハ当院判例ノ存スル所ナリ而シテ所論服務紀律ノ規定ハ刑法収賄罪ノ例外ヲ成スモノニ非サルヲ以テ判示ノ如ク被告等カ苟モ其職務ニ関シテ金円ノ贈与ヲ受ケタル以上縦シ之ヲ受ケタルコトカ其ノ職務ノ執行後偶然ニ出テタリトスルモ収賄罪ノ責ヲ免ルルヲ得サルモノトス」（大判大一二・五・二六刑集二・四五二）。

【58】「官吏カ本属長官ノ許可ヲ得ルニ非サレハ其ノ職務ニ関シ慰労又ハ謝儀又ハ何等ノ名義ヲ以テスルモ直接ト間接トヲ問ハス総テ他人ノ贈遺ヲ受クルコトヲ得サルハ官吏服務紀律ノ明規スル所ナルノミナラス刑法上収賄罪ノ成立スルニハ公務員又ハ仲裁人カ其ノ職務ニ関シ金銭其ノ他ノ利益ヲ収受シタルコトヲ以テ足リ請託ノ有無ノ如キハ問フ所ニ非サルヲ以テ被告人カ身苟クモ大阪逓信局書記トシテ経理課又ハ用品課ノ事務ヲ執掌中其ノ職務ニ関シA商店外数名ヨリ金銭商品券等ヲ収受シタルコト原判決認定ノ如クナル以上原判決カ被告人ニ瀆職的犯意アリタルモノトシテ右行為ヲ刑法第百九十七条第一項ニ問擬シタルハ至当ニシテ毫モ所論ノ如キ擬律錯誤ノ違法アルモノト云フヘカラス」（大判昭七・二・二〇刑集一一・九四〔研究〕草野豹一郎「収賄罪と請託」刑事判例研究一巻一四六頁）。

しかし、判例の見解が、はじめから右のような結論に到達していたわけではない。わが国の賄賂罪にかんする立法の沿革において「嘱託」もしくは「請託」の概念が占めていた地位に対応して、判例・学説に変化がみられる。

旧刑法は、その二八四条一項に、「官吏人ノ嘱託ヲ受ケ賄賂ヲ収受シ又ハ之ヲ聴許シタル者ハ一月以上一年以下ノ重禁錮ニ処シ四円以上四十円以下ノ罰金ヲ附加ス」と規定して「嘱託」の概念を法文のうえに用いていた。このばあい、「嘱託」の概念は「請託」と同じ意味をもっていたと思われる（旧刑法についての判例も「請託」という表現を用いている。大判明三五・三・二八刑録八・八九、大判明三六・七・九刑録九・一二三〇、大判明四〇・五・一三刑録一三・三九二等参照）。ところが、旧刑法二八五条（「裁判官民事ノ裁判ニ関シテ賄賂ヲ収受シ又ハ之ヲ聴許シタル者ハ……」）および二八六条（「裁判官検事警察官吏刑事ノ裁判ニ関シテ賄賂ヲ収受シ又ハ之ヲ聴許シタル者ハ……」）の裁判官等の収賄罪にかんする規定は、いずれも、法文のうえに「嘱託」という概念を用いていなかった。しかし、このように法文のうえに「嘱託」の概念が用いられていないばあいにも、旧刑法が施行されていた時代には、判例・学説ともに、収賄罪の成立には「請託」を受けることが必要であると解していたようである。

判例は、旧刑法二八六条についても、つぎのようにいう。「検事ノ裁判ニ関スル収賄罪ハ一般官吏ノ収賄罪ト同ク職務ニ関シ請託ヲ受ケ其報酬トシテ或ル利益ヲ収受シ又ハ之ヲ聴許スルニ因リテ成立シ……」（大判明四〇・五・一三刑録一三・三九二）。この判例は、さらに、「而シテ其ノ請託者カ事項ヲ特定シテ嘱託スルト之ヲ特定スルコトナク検事カ職務ノ範囲ニ於テ為シ得ヘキ事項ノ何レカヲ其見込ニ依リ随時取計ヲ為スコトヲ嘱託スルトニ区別ナク均シク本罪ノ要件タル請託アルモノトス」と判示している。「嘱託」の内容である事項が特定していないばあいも、収賄罪の要件である「請託」にあたると解していたのである。

旧刑法の賄賂罪についての学説をみると、勝本勘三郎博士は、「官吏収賄罪トハ官吏職務ノ執行ニ関シ他人ノ請託ヲ容ルルコトヲ条件トシテ或ル利益ヲ受クルコトヲ云フ」（同・刑法析義・各論之部上巻明治三二年八一七頁）とされた。そしてさらに、「請託ヲ容ルルコトヲ条件トシタルコトヲ要ス」るのは、「是レ法文嘱託ヲ受ケ云々トアルヨリ生スル所ノ要素ニシテ亦争ナキモノトス、之ヲ条件トシタルコトヲ要スルカ故ニ㈠仮令職務ノ執行ニ関スルモノト雖モ予メ請託セラルルコトナク単ニ職務ノ執行ヲ了リタル後慰労又ハ報酬トシテ偶然一私人ヨリ贈与セラレタル物ヲ収受スルカ若クハ請託セラルルモ之ヲ容ルルノ意思ナクシテ利益ヲ収受又ハ聴許シタルトキハ或ハ懲戒処分ノ範囲ニ属シ或ハ詐欺取財罪ヲ構成スルノミ本罪ヲ構成スルコトナシ㈡然レトモ苟モ之ヲ容ルルコトヲ条件トシタルトキハ其明示ナルト暗黙ナルト又利益ノ受授カ執行以前ニ在ルト執行以後ニ在ルトヲ問ハス罪ヲ構成スルモノトス」（前掲八二一頁）と説明された。このような勝本博士の所説は、その前後の関係からみると、二八五条および二八六条においても請託を受けることを必要としていたと解することができる。また、岡田朝太郎博士は、法文のとおり「嘱託」という表現を用いて、それを収賄罪成立の要件とされているが、さらに、「第二百八十五条ニ『裁判官民事ノ裁判ニ関シテ……』トアリ、又第二百八十六条ニ『裁判官検事警察官吏刑事ノ裁判ニ関シテ……』トアルカ故ニ裁判官検事警察官ニ対シテハ此第二ノ条件即チ職務ニ就テ嘱託ヲ受ケタル事アルヲ要スルハ論ヲ須ヒスシテ明ナリ」（同・日本刑法論・各論之部明治二八年・六三八頁、傍点引用者）と述べておられた。このように、学説も、すべて収賄罪が成立するためには請託を受けることが必要であると解していたのである。草野豹一郎博士も、「旧刑法は、其の第二百八十四条に於て、『官吏人の嘱託を受け賄賂を収受し、又は之を聴許したる者は云々』と規定して居たので、其の解釈上収賄罪の成立に請託を必要とすることに付いては、争はなかった」（同「収賄罪と請託」刑事判例研究一巻一四六頁）と指摘されている。草野博士の見解も、旧刑法については賄賂の概念にとつて請託を受けることが必要であると解されていたという趣旨であろう。

ところで、明治四一年に現行刑法が施行されてからは、昭和一六年の刑法一部改正によって賄賂罪の規定が全面的に改正されるまで、「嘱託」もしくは「請託」の概念を、刑法典の賄賂罪の規定のうちにみることはできなくなった。そして、これに対応して、判例も、すでに示したように、収賄罪の成立には請託を必要としないと解するにいたり、学説も、これと同一の見解をとるようになった。昭和一六年の賄賂罪の規定改正前の学説をみると、小野清一郎博士は、収賄罪が成立するためには、職務に関する「行為に関し一定の請託を受け又は之を容るることは必要でない」(同・刑法講義昭和一一年・三六五頁)、とされ、牧野英一博士も、収賄罪の要件として「一定ノ請託ヲナスノ要ナシ」(同・重訂日本刑法下巻昭和一三年・二六四頁)とされた。そして、この点については、とくに異論を唱える学説は存在しなかった。

「請託」の概念がふたたび法文のうえに用いられたのは、改正刑法仮案においてであった。昭和一六年の刑法一部改正は、この改正刑法仮案の影響をうけて、一九七条一項後段の受託収賄の規定においては、「請託ヲ受ケタル」ことを刑の加重事由となし(この「請託」の意義については、最判昭二七・七・二二刑集六・九・九二七、最判昭三〇・三・一七刑集九・三・四七七、東京高判昭二八・七・二〇刑集六・九・一二一〇等参照)、一九七条二項の事前収賄・一九七条ノ二の第三者供賄・一九七条ノ三第三項の事後収賄の規定においては、それぞれ、「請託ヲ受ケ」たことを犯罪の成立要件となしたのである(なお、昭和三三年に制定された斡旋収賄罪の規定(刑法一九七条ノ四)においても「請託ヲ受ケ」たことが犯罪の成立要件とされている)。しかし、この改正によっても、一九七条一項前段として、「請託ヲ受ケ」ることを要件としない単純収賄の規定が残されていた。したがって、学説も、改正前と同じく、「賄賂の概念としては一定の請託を受けること……は必要でない」(小野清一郎・刑法講義・各論昭和二四年・五五頁。この点について異説は存在しない)という見解をとるのである(なお、「請託」については、拙稿「賄賂罪における『請託』の概念」ジュリスト一四九号二一頁、一五〇号五一頁参照)。

一四　賄賂と職務行為との対価的関係

賄賂罪が成立するためには、賄賂と職務行為とが、対価的関係、すなわち給付と反対給付との関係をもたなければならない。

ところで、賄賂と職務行為とのこの対価的関係について、判例は、どのような見解を示しているであろうか。つぎにあげる判例【59】は、収賄罪の成立には、一定の職務に関して不法な利益の収受等があれば足りその利益が個々の職務行為に対して対価的関係にあることは必要でないとしている。

【59】「収賄罪ノ成立ニハ一定ノ職務ニ関シテ不法利益ノ収受要求約束アルコトヲ要スルニ過キスシテ其ノ職務中個々ノ職務行為ニ対スル対価的利益タルコトヲ要セサルヲ以テ苟モ一定ノ職務行為ニ対スル謝礼ナルコトヲ判示スル以上ハ縦令其ノ職務中個々ノ職務行為ニ対スル対価ナルコトヲ判示セスト雖収賄罪ノ判示トシテ欠クル所ナキモノトス被告Xニ対スル原判示第二事実ニ依レハ被告Xハ株式会社鈴木商店及大阪電球株式会社各社員等カ神戸市電気局ニ電気機械器具又ハ電球ヲ納入スルニ付被告Xノ同局電気科長兼長田電気試験所長トシテ職務上為シタル行為ニ対スル謝礼ト為ス趣旨ノ下ニ提供シタル物品ヲ何レモ自己ノ職務ニ関シ為サレタルモノナリトノ事情ヲ知了シナカラ交付ヲ受ケタル旨判示シアリテ一定ノ職務ニ対スル謝礼ナルコトヲ判示シアルヲ以テ冒頭説示ノ理由ニ依リ収賄罪ノ判示トシテハ間然スル所ナキノミナラス被告Xノ判示所為カ収賄罪ヲ構成スルヤ論ヲ俟タス」(大判昭四・一二・四刑集八・六〇九)。

これと同趣旨の判例として、大判昭六・四・一四新聞三二七六・七、評論二〇刑法一三三がある。

そしてまた、最近では、つぎの最高裁判所判例【60】が、同趣旨の見解を示している。

【60】(第二審判旨)　「是等の証拠を総合すれば原判決認定の如く被告人(名古屋市交通局資材課長、さらに引続き用度課長として、同局に属する請負工事の入札及び物品資材等の購入に関し、入札業者の指名、入札、契約の締結及び検収等の事務手続、その他同課に属する業務一切を監督処理していた者——引用者註)が原判示日時場所に於て前後六回に亘りA産業株式会社員B外四名から従来同会社等と名古屋市交通局と木工品石油又はコンクリートポール等の取引を為すに付世話になったことに対する謝礼及将来も該取引を為すに附種々職務上便宜な取扱を得度い趣旨又は将来レール水銀整流器等を同局に取引納入するに付種々便宜な取扱を得度い趣旨の下に原判示の如き各饗応を受けて職務に関し収賄を為した事実を明認するに足り右認定を左右するに足る証拠がない弁護人は本件各饗応又は物品の収受は慣例上承認された社交的儀礼又は感謝の贈物として若くは説明会への招待を受けて

為されたものである旨主張しているけれども此の点に関する原審公判に於ける被告人の供述及原審証人BCDEに対する証人尋問調書中の各供述部分は前記各証拠に照し輙く措信し難く其他に右主張を確認するに足る資料がない」(名古屋高判昭三一・七・一八最高刑集一二・一三・三一八七所収)。

(上告理由)　「原審控訴趣意書総論一に於て『賄賂は職務行為に関する不法な報酬であって賄賂と職務行為との間に給付と反対給付との関係、即ち対価的関係が存しなければならないのである』と主張している。」「原判決は本件各饗応等が慣例上承認せられた社交的儀礼又は感謝の贈物であると述べる弁護人の主張に対しては判断を加えているが、前述の対価性の点については何等判断を加えていないのである。」

(上告審判旨)　「賄賂は職務行為に対するものであれば足り、個々の職務行為と賄賂との間に対価的関係のあることを必要とするものではないと解するを相当とする(昭和四年(れ)一〇六三号同年一二月四日大審院第三刑事部判決、刑集八巻六〇九頁等参照)。原判決は、第一審判決挙示の関係証拠によると、被告人が六回にわたり判示A外四名から判示の趣旨のもとに判示の各饗応を受け、物品を収受して職務に関し収賄をなした事実を明認するに足り、本件各饗応または物品の提供が慣例上承認された社交的儀礼または感謝の贈物などとしてなされたものとは認められない旨を判示していること判文上明らかであって、所論の控訴趣意に対しても判断を示したものと解することができるから、所論のような違法は存しない。」(最判昭三三・九・三〇刑集一二・一三・三一八〇〔研究〕吉川由己夫・解説六三〇頁)。

これらの判例は、いずれも、個々の職務行為と賄賂との間に対価的関係があることは必要でないと解しているにとどまり、職務行為と賄賂とが何らかの程度で対価的関係をもたねばならないことを否定しているのではない。【60】の判例は、「賄賂は職務行為に対するものであれば足り」ると判示することによって、右の趣旨をあらわしている。【59】の判例は、「収賄罪ノ成立ニハ一定ノ職務ニ関シテ不法利益ノ収受要求約束アルコトヲ要スルニ過キス」と判示しているが、このばあい、「一定ノ職務ニ関シテ」とは、職務行為と対価的関係に立つことを意味するのであろう。このように、判例が、賄賂と職務行為とが対価的関係をもたなければならないことをみとめているとすれば、その職務行為のうちの個々の職務行為と賄賂との間に対価的関係があることは必要でないという判例の見解は、正しいというべきである。学説も、判例のこの結論をみとめている（小野・新訂刑法講義各論昭二四・五六頁、団藤・刑法昭三〇・二五一頁、木村・刑法各論昭三二復刊版・二九二頁）。

賄賂と職務行為との対価的関係については、さらに、職務行為の特定性の問題がある。この問題について、判例は、賄賂罪が成立するためには職務執行の目的事項が特定しもしくは特定し得べきものであることは必要でないとしている。つぎの判例【61】は、このことをみとめているが、同趣旨の判例として、大判昭三・五・二四評論一七刑法一七〇がある。

【61】「苟モ公務員又ハ仲裁人ノ職務ニ関シ賄賂ヲ交付若クハ提供シタル以上ハ刑法第百九十八条ノ贈賄罪ハ完全ニ成立スルモノニシテ必スシモ公務員又ハ仲裁人ノ職務執行ノ目的タル事項カ特定シ若クハ特定シ得ヘキモノナルコトヲ要スルモノニアラス原判決ニ依レハ被告ハ向後自己ノ営業上（古着営業）帳簿ノ記載其他ニ付厳重ナル取締ヲ設ケ種々不便多キヲ慮リ其意ヲ迎ヘント欲シ菓子箱一箱ヲ白紙巡査ニ提供シタルモノニシテ警察署長ノ命ニ依リ古着商ノ営業ニ関シ取締ヲ為スヘキ職ヲ奉スル巡査ニ対シ将来ニ於テ取締ノ寛大ナランコトヲ期待シ之ニ関シテ賄賂ヲ提供シタルモノナレハ其贈賄罪ヲ構成スルヤ論ヲ俟タサルヲ以テ本論旨ハ上告ノ理由ナシ」（大判大五・一二・四刑録二二・一八四八）。

このように、判例は、職務行為が不特定であっても、それに関して賄賂罪が成立すると解している。この点に言及する学説は少いが、大場博士は、賄賂と関連する職務行為は特定し得べきものでなければならないことを、つぎのように主張された。収賄罪においては利益と職務行為とは「給付ト反対給付トノ関係ヲ必要トスルカ故ニ給付セラルル利益ノ対価タル可キ職務ニ属スル行為ハ特定シ得ヘキモノタルコトヲ要ス。即チ如何ナル職務ニ属スル行為ニ対シ利益カ給付セラルルヤ到底之ヲ特定スル能ハサル場合ノ如キハ職務ニ属スル行為ト給付セラレタル利益トハ給付ト反対給付トノ関係アリト謂フ能ハス」（大場・刑法各論下巻・六八一頁）。このような理論に立って、博士は、「例ヘハ東京市民カ永年東京市長ノ職ニ在リシ者ニ対シ在職中ノ職務行為ニ対スル感謝ノ意ヲ表スル為メ金銭若クハ物品ヲ寄贈スルカ如キ」「又例ヘハ学生ノ一団カ教職ヲ退カントスル恩師ニ対シ感謝ノ意ヲ表センカ為メ盛大ナル饗応ヲ為スカ如キ」は「公務員ノ職務ニ属スル特定ノ行為ニ対スル対価ニ非スシテ」「賄賂ニ非サル如シ」（前掲六八一―六八二頁）といわれたのである。ドイツにおいては、職務行為の特定性を問題にしている学説が多い。まず、リスト－シュミットは、「贈与物は、認識しうるように特徴を示すことができる職務行為(die erkennbar zu bezeichnende Amtshandlung)に対する反対給付(Gegenleistung)でなければならない」と説く(Lehrbuch des Deutschen Strafrechts, 25. Aufl., S. 819)。フランクも「職務行為が一定の行為としてみられる(als eine bestimmte ins Auge gefasst wird)ばあいにのみ」、「公務員の贈賄者にたいする依存関係」をみとめることができると解する。フランクは、その一例として「公務員が、自分の行為がどういうふうに、またいかなる時に要求されているのかがきまっていないときにそれに対して贈物をうけるばあい、もしくは、父親が、自分の息子の先生にたいして息子が一般的によい取扱いをうけたことを理由に一樽の葡萄酒を贈るばあいには必要とされる一定性が欠けている」と説くのである(Das Strafgesetzbuch für das Deutsche Reich, 18. Aufl., S. 749)。コールラウシュ－ランゲも、「職務行為は、充分に一定されていなければならない。贈与物が具体的な職務行為(konkrete

Amtshandlung)——現在もしくは過去もしくは将来の——に対して関係をもつことが必要である」という見解を示している(Strafgesetzbuch, 42. Aufl., S. 675)。さらに、ウェルツェルも、「職務行為と利益との間には両者(収賄者と贈賄者—引用者註)に意識された関連——利益が職務行為に対する反対給付と考えられるという関連——が存在しなければならない。それゆえ、職務行為は、たとえその個々の点において必ずしも一定のものとしてきめられていなくとも、その特色が何であるかは認識しうる(in ihrer Eigenart erkennbar)ものでなければならない」と説いている(Das Deutsche Strafrecht, 6. Aufl., S. 441)。このように、ドイツの学説は、程度の差はあるといえ、職務行為の特定性を必要とするものが多い。

このような見解は、わが国の刑法において「請託」が構成要件要素とされるばあいに、その「請託」の対象である職務行為が、ある程度まで具体性をもたなければならないことを理解するうえに意味をもっている(請託の対象である職務行為がある程度具体性をもたなければならないことを示す判例として、東京高判昭二八・七・二〇刑集六・一二一〇、仙台高判昭三〇・一・二五高裁特報二・一・一七参照)。「請託」は、利益と職務行為の対価関係をより明白にする機能をもつからである(この点については、拙稿「賄賂罪における『請託』の概念(下)」ジュリスト一五〇号・五三頁参照)。そしてまた、これらの見解が賄賂罪が成立するためには、利益と職務行為とが対価的関係をもたなければならないということを明白に指摘している点も正当である。したがって、利益が職務行為と対価的関係に立つことがみとめられないほどに職務行為が不特定であることは、たしかに賄賂罪の成立を否定する根拠となろう。しかし、【59】【61】の判例にあらわれた程度の特定性があれば、利益と職務行為との対価的関係を肯定してよいであろう。【61】の判例は、「職務執行ノ目的タル事項ハ特定シ若クハ特定シ得ヘキモノナルコトヲ要スルモノニアラス」といい、【59】の判例は「一定ノ職務行為ニ対スル謝礼ナルコトヲ判示スル以上ハ縦令其ノ職務中個々ノ職務行為ニ対スル対価ナルコトヲ判示」する必要はないといっているが、具体的事案としては、いずれも、利益と職務行為との何らかの対価的関係をみとめうる程度の特定性をもつばあいとみてよいであろう。

一五　不可分に結合した職務上と職務外の報酬

判例は、職務行為に対する報酬と職務外の行為に対する報酬とが不可分的に結合しているばあいは、その利益の全部が包括して不可分的に賄賂性を帯びるとしている。判例のこのような理論構成は、賄賂の追徴にあたって、右のように不可分的に結合した報酬を一体として取扱うためにとられたものである。

【62】「公務員ノ職務行為ニ対スル謝礼ト職務外ノ行為ニ対スル報酬トヲ不可分的ニ包括シテ財物其他ノ利益ヲ提供シ公務員ニ於テ其事実ヲ知リナカラ之ヲ収受スル行為カ事実上可能ナルコトハ固ヨリ説明ヲ須タサル所ナリ而シテ叙上ノ場合ニ於テハ其各部分ハ賄賂タラサル性質ト同時ニ賄賂タル性質トヲ具有スルヲ以テ該物件又ハ利益ノ全部ハ之ヲ包括シテ不可分的ニ賄賂性ヲ帯フルモノト断定スヘク其反対ノ側面ノミヲ観察シテ全部若クハ一部ニ違法ナシトスルヲ得ス」(大判大九・一二・一〇刑録二六・九四九)。

【63】「職務行為に対する謝礼と職務外の行為に対する謝礼と不可分的に包括して提供された金員を、公務員がその事実を知りながら之を収受した場合には、その金員全部は包括して不可分的に賄賂性を帯ぶるものであるから、原判決が被告人の右犯行を公務員としてその職務に関し賄賂を収容したものであるとしたことは正当であって、論旨は理由がない」(最判昭二三・一〇・二三刑集二・一三八六)。

これと同趣旨の判例として、大判大一二・三・一〇刑集二・一七七、大判昭三・五・二四刑集七・

三八九、大判昭四・一二・四刑集八・六〇九、大判昭八・六・二七刑集一二・九五五等がある。

したがって、職務行為に対する謝礼と社交上の儀礼としての贈物（後出一二八頁以下参照）を不可分的に包括して供与したときは、その全部が不可分的に賄賂となる（大判大一四・一二・一二評論一五刑訴二参照）。性質上不可分な単一の物件については、右の理論構成をとることもやむをえないばあいがあろう。しかし、金銭についても右の理論をとることには疑問がある。職務行為に対する報酬である部分と合法的報酬の部分とが明確に算定しえないばあいにも、可能な範囲内でその割合を推定すべきではなかろうか。判例の理論構成は、余りに便宜的であって、財産権を侵害するおそれがある（この点については、美濃部・公務員賄賂罪の研究一二八頁以下参照）。

三　「職務執行と密接な関係のある行為」の概念

一　判例の基本的態度

賄賂の概念にとって、すでに考察してきたように、「職務」との関連性が重要な意味をもっている。ところで、判例は、法文にいう「職務ニ関シテ」とは、本来の職務にぞくする行為、すなわち職務行為にかんするばあいに限定されるものではなく、「職務執行と密接な関係のある行為」にかんするばあいもふくまれると解している（前出九頁参照）。判例のこの基本的態度は、【64】の判例によってあきらかにされて以来、現在にいたるまでつらぬかれている。ただ、最近の判例（後掲【76】【77】）のうちに、これを、「職務に密接な関係を有するいわば準職務行為又は事実上所管する職務行為」と分析して表現しているものがあることに、注目しなければならない（後出九四頁以下参照）。

【64】「刑法第百九十七条ノ収賄罪及ヒ同第百九十八条ノ贈賄罪ハ孰レモ公務員又ハ仲裁人ノ職務ニ関シテ賄賂ノ収受若クハ交付アルコトヲ要スルハ勿論ナリト雖モ収賄若クハ贈賄ノ原因タル行為カ公務員又ハ仲裁人ノ職務自体ナルコトヲ要セス其ノ職務ニ関渉スルモノナルヲ以テ足ル即チ賄賂ノ対価タル給付カ公務員又ハ仲裁人ノ職務執行タル行為ニ属セサルモ其職務執行ト密接ノ関係ヲ有スル場合ニ於テハ職務ニ関シテ収賄若クハ贈賄ノ行為アリト謂フヲ妨ケス原判決ノ認定セル事実ニ依レハ被告等ハ島根県会議員Aニ対シ斐伊川沖提県費支弁ト為スヲ相当トスル旨ノ意見書ヲ県会ニ提案シ之ヲ可決セシムルニ付斡旋ヲ為スコトヲ請託シ該意見書可決ノ後右報酬トシテ金円ヲAニ交付シタリト云フニ在リテ右意見書ヲ成立セシムルニ付他ノ県会議員ヲ勧誘シテ之ニ賛同セシムル行為ハ県会議員トシテ意見書ヲ提案シ若クハ之カ成立ニ付自己ノ意見ヲ発表スル如キ職務行為ニ非サルハ勿論ナルモ其職務ニ関スル行為ニ非スト謂フヘカラス蓋シ府県制第四十五条ニ依レハ府県会ハ府県ノ公益上必要ナル事項ニ付意見書ヲ府県知事又ハ内務大臣ニ提出スルコトヲ得ヘキヲ以テ府県会議員カ右意見書提出ノ件ヲ発案スルハ其職務ノ執行ニ外ナラス従テ右発案若クハ可決ニ付要スル定数ノ賛成議員ヲ勧誘賛同セシムルハ是亦職務ノ執行ニ関スル行為ナルコト疑ナケレハナリ」（大判大二・一二・九刑録一九一三九三）。

判例は、賄賂と関連する「職務」の範囲を、原則として、法令の規定によって職務権限に属するとされる範囲と理解しながら（前出一七頁参照）、そのことから生ずる実際上不当な結果を避けようとして、「職務執行と密接な関係のある行為」という概念を用いたのである。

二　学説の見解

判例のこのような態度について、美濃部博士が疑問を詳細に述べておられるので、ここでまず、博士の見解に注目しよう。博士は、つぎのように主張される。

「刑法第一九七条には、公務員が『其職務ニ関シ賄賂ヲ収受シ』云々とあるのであって、職務又は職務に密接の関係ある行為に関し賄賂を収受しとあるのでないから、職務それ自身に関する収賄では なく、職務に密接の関係ある行為に関する収賄をも、同条に該当するものと為すことは、直接に同条の明文に牴触する嫌があるのみならず、職務に密接の関係ある行為ということは、其の語自身に甚だ明瞭を欠いて居り、法律上に果して密接の関係ある行為であるや否やを判断するに付いて、正確な標準を定め難いことの非難を免れない。

例へば、現に或る公務を担任して居る官吏が、其の職務上取扱って居る事項に関して、或は放送局から依頼せられてラジオの放送を為し、或は会社其の他から依頼せられて講演を為し、或は雑誌社から依頼せられて論文を雑誌に寄稿したとすれば、其の放送や講演や論文の内容が職務事項に関するものである限り、それは勿論職務に密接の関係ある行為でなければならぬ。併しそれが為めに其の放送や講演や論文に対し謝礼を受けたからと謂って、これを以って職務に関する収賄と見るべきものでないことは、何人も疑を容れないであろう。

公務員収賄罪に依って保護せらるる法律利益は公務それ自身の威信に在るのであり、金銭其の他の不正の利益を受くることに因って公務を左右することの弊を防ぐことが、其の目的とする所であることは、争うべからざる所であるから、賄賂の対象となるものは必ず公務それ自身でなければならぬ。

法律の自ら明言して居る通り、公務員が『其職務ニ関シ』賄賂を収受することが収賄罪を構成するのであって、職務に密接の関係ある行為であっても、職務外の行為である以上は、賄賂罪の対象となり得べきものでない。随って判例が『職務ニ密接ノ関係アル行為』を以って賄賂罪の対象たり得るものとして居るのは、文字通りの意義に於いては、失当たるを免れないと信ずる。」（公務員賄賂罪の研究四〇―四一頁）。

美濃部博士は、このように、判例の表現に対して疑問をもたれる。そして、さらに続けて、「併しながら、凡そ刑罰法の適用に関しては、専ら社会的の事実に著眼し、法律上の効力に重きを置くべきものではないから、公務員収賄罪の構成要件としての『職務ニ関シ』賄賂を収受することも、法律上に職務権限として認められて居る行為に関して収賄した場合たることを要するものと解すべきではなく、或る職務を担任して居る公務員が其の職務に基づき事実上に公務を左右する為めに為す行為は、それが法律上に職務権限の行使たる効力を有するや否やを問はず、刑法の意義に於いては職務行為と見るべきものであり、賄賂罪の対象たり得べきものと解せねばならぬ。」と主張される（前掲四二頁）。そして、博士はこの主張を根拠として、判例が「職務執行と密接な関係のある行為」としている事例も「職務行為」とみるべきであり、また、職務との関連性を否定している判例についても、その関連性をみとめるべきであるとされるのである（博士は、この結論を、前掲【64】、後掲【65】―【70】・【80】の諸判例について主張された。）。

美濃部博士のこのような見解は、判例のいう「職務執行と密接な関係のある行為」の概念が、「其の語自身に甚だ明瞭を欠いて居り、法律上に果して密接の関係ある行為であるや否やを判断するに付いて、正確な標準を定め難いこと」を指摘される点において、正しい。そしてまた、賄賂罪において問題となる職務行為にふくまれるものとして、「或る職務を担任して居る公務員が、其の職務に基づき事実上に公務を左右する為めに為す行為」という概念を提唱される点に、注目すべき特色をもっている。この概念は、判例のいう「職務執行と密接な関係のある行為」も公務的性格をもたなければならないことを示している。このことは博士が「賄賂の対象となるものは必ず公務それ自身でなければならぬ」と強調されていることからも、理解しうるであろう。しかし、右の新しい概念を用いても、賄賂罪における職務行為の範囲が、かならずしも明確に定めうるとはいえないであろう。「其の職務に基づき事実上に公務を左右する為めに為す行為」という概念も、やはり不当に広く解釈される危険をもっているからである。

いずれにしても、判例のいう「職務執行と密接な関係のある行為」の概念が明確を欠くことは否定できない。そこで、判例の表現にとくに疑問を示さない学説のうちにも、その範囲を定める基準を見いだそうとする試みがみられる。たとえば、滝川博士は、判例を検討されたのち、「以上の諸判決から謂ゆる『職務に密接の関係ある行為』の本質を帰納することが出来る。職務に密接の関係ある行為といい得るためにはその基礎たる職務行為が法令に基くものであることを必要とする。職務行為につき法令の根拠なきところに『職務に密接の関係ある行為』はあり得ない」(刑事法判決批評二巻二一二頁)とされる。しかし、この見解によっては、「密接の関係ある行為」の範囲は、やはり問題として残される。

この問題について、伊達判事は、つぎのように主張される。「賄賂罪処罰の目的は公務員の職務、即ち公務の公正とこれに対する信頼(直接職務に対する信頼であって、間接的な公務員の人格に対する信頼ではない。)の維持にあるのであるから、ここに職務に密接な行為といっても、あくまで公務的性格を有するものに限られねばならない。即ち、当該事務が本来の職務行為として法律上の効力は認められないとしても、慣行等によって事実上公務員の職務行為として観念せられ、いわば社会通念上又は事実上職務行為として認められ行われているものでなければならない。」(「賄賂罪」法学セミナー四号・二四頁)

結局、「職務執行と密接な関係のある行為」の概念の内容をあきらかにするためには、それがすくなくとも公務的性格をもち、また、事実上の職務行為とみられるものでなければならないということを手がかりとしながら、判例がこれまで個々の事例についてつみあげてきた判断を、類型的に分類して検討することが必要であろう。

三　大審院の判例

そこでまず、大審院の判例が、「職務執行と密接な関係のある行為」とみとめた重要な事例を、ここで、類型的に分類して考察しよう。

(一)　地方議会の議員が、議会の権限に属する事項について、議会外において他の同僚議員を勧誘賛同させる行為　前掲【64】の判例は、この類型のうちの最初のものである。さらに、つぎの【65】【66】【67】の判例も、おなじ類型に属する。

【65】　「賄賂罪ニ於テ賄賂ノ対価タル給付ハ公務員又ハ仲裁人ノ職務執行ノ行為ニ属スルモノハ勿論其ノ職務執行ト密接ノ関係ヲ有スル行為ニ属スル場合ヲモ包含スルモノトス市収入役ハ市制第七十九条第二項第七十五条第二項ニ依リ市長ノ推薦ニ依リ市会之ヲ定メ市長職ニ在ラサルトキハ市会ニ於テ之ヲ選挙スヘキモノナレバ市会議員カ市長ノ推薦シタル収入役候補者ニ付其ノ可否ヲ決スヘキ議事ニ関シ議決ニ加ハルハ其ノ

職務ノ執行ニ外ナラサルト同時ニ其ノ可決ニ付要スル定数ノ議員ヲ勧誘シ之ニ賛同セシムルコトニ運動尽力スルカ如キハ其ノ職務ノ執行ト密接ノ関係ヲ有スルモノニシテ市会議員ノ職務ニ関スル行為ナリト称スルコトヲ得ヘシ原判決ノ認定シタル事実ニ依レハ被告人両名ハ岐阜市会議員在職中岐阜市収入役Aノ任期満了シ同市長Bニ於テ右Aヲ同市収入役トシテ岐阜市会ニ推薦セムトスル意嚮ヲ有シAモ之レカ選任ヲ希望シ居リタルモ同市会議員中之ニ反対スル情勢アルコトヲ察知シ外一名ト共謀シAニ対シ反対議員ヲ説得シ全会一致Aヲ収入役トシテ其ノ選任ヲ決議スルニ至ルヘキニヨリ其ノ運動費用ノ必要ナル旨ヲ告ケ暗ニ運動費用並ニ該運動ニ関スル被告人等ノ料理店等ニ於ケル飲食代金ヲ包含スル趣旨ノ下ニ金五百円ノ供与ヲ求ムル旨ヲ表示シ賄賂ヲ要求シタルモノナレハ被告人等ノ行為ハ前段説示ノ理由ニ依リ公務員其ノ職務ニ関シ賄賂ヲ要求シタルモノニ該当シ賄賂要求罪ヲ構成スルモノトス」（大判昭八・一〇・一〇刑集一二・一八〇一）。

【66】「町会議員カ町長ヲ選挙スルハ其ノ職務ニ属シ又特定ノ町長候補者ヲ当選セシムル為他ノ議員等ヲ訪問シ其ノ目的ヲ達セントスル運動ヲ為スハ職務執行ト密接ノ関係ヲ有スルモノニシテ畢竟職務ニ関スル事項ナルカ故ニ斯カル運動ヲ為シタルコトニ関シテ不法ノ利益ヲ供与スルトキハ贈賄罪ヲ構成スルコト本院判例ノ趣旨ノ存スルトコロナレハ原判決カ所論証拠ニ依リ判示贈賄事実ヲ認定シタルハ不法ニ非ス」（大判昭九・八・六刑集一三・一〇六六）。

【67】「市会ハ其ノ議員中ヨリ議長ヲ選挙スヘキ職務権限ヲ有シ市会ヲ組織スル市会議員ハ市会ノ職務権限ニ属スル事項ヲ執行スヘキ任ニ在ル者ナルカ故ニ市会議員カ市会ニ於テ議長ヲ選挙スルカ如キハ其ノ職務ノ執行行為ナルコト論ヲ俟タスト雖議長タラムコトヲ希望スル者ノ為其ノ同僚議員間ヲ斡旋勧誘シ之ヲ議長ニ当選セシムルコトニ奔走尽力スルカ如キハ其職務ノ執行行為自体ニ非サルモ少クトモ其ノ職務ニ密接ナル関係ヲ有スル行為ナリト云フヘク従テ之等行為ニ関シ利益ヲ授受スルニ於テハ刑法所定ノ贈賄罪又ハ収賄罪ヲ構成スルモノト解セサルヲ得ス蓋賄賂ノ対象トナルヘキ行為カ公務員ノ職務行為自体ニ属スル場合ハ勿論之ニ属セサルモ苟モ其ノ職務行為ト密接ナル関係ヲ有スルモノナルニ於テハ尚職務ニ関シ贈賄若ハ収賄ノ行

為アリト為スニ妨ケナケレハナリ」（大判昭一一・八・五刑集一五・一三〇九〔研究〕滝川幸辰・刑事法判決批評二巻二〇六頁）。

これらの事案は、いずれも、勧誘賛成させる行為の対象となった事項そのものは地方議会の権限にぞくするばあいであった。しかし、法律上からいえば、議員の権限は議場において行われるのであるから、たとえ議会の権限にぞくする事項についてであっても、議場外において他の同僚議員を勧誘賛同させる行為は、本来の職務行為として法律上の効力をみとめられない。ところが、事実上からいえば、議場において議事にかんして自己の意見を述べ他の議員の賛同を求めるのも、議場外において他の議員を勧誘しその賛成を求めるのも、公務を左右する力があることにおいては、大きな差異をみとめる理由がない。したがって、議場外において他の議員の賛成を求める行為も、権限の行使のための予備的手段として、事実上の職務行為とみることができよう。そこで、判例は、この行為を、「職務執行と密接な関係のある行為」とみとめたのであろう。

（二）地方議会議員が、非公式の会議において、意見を述べ、案を議し、もしくは決議をする行為

【68】「Aハ自己所有地ヲ右分教場（尋常高等小学校の分教場―引用者註）ノ敷地タラシムルニハ同村会議員ノ多数ニ請託シテ其ノ賛成ヲ得ル必要アリトシ之カ為先ツ当時同村会議員ニシテ其ノ有力者タル被告人ニ該賛成方ヲ請託スルト同時ニ他議員ニ対スル同様請託方ヲ依頼スルニ如カスト思料シ同月八日頃被告人ニ対シ来ル協議会ニ於テ前記自己所有地ヲ右分教場敷地トナスコトニ賛成アリ度旨請託シ同時ニ他ノ議員ニ対スル同様請託方ヲ依頼シ其ノ報酬並運動費トシテ金二百円ヲ交付スルヤ被告人ハ右請託並依頼ヲ諒承シタル上其ノ報酬タル情ヲ知リナカラ右金員ヲ収受シタルモノトス然ラハ右請託並依頼ハ直接村会ニ関シ為サレタルモノニ非サルモ判示協議会ニ於テ村会議員タル被告人カ意見ヲ開陳シ或ハ案ヲ議スル行為ハ右協議会カ前記ノ如キ性質並意義

（「村長ハ府知事ニ上申スルニ先立チ他日知事ヨリ村会ニ諮問セラレタル際村会ニ於テ上申案ヲ可決セラレンコトヲ期スル為予メ村会議員ヲ招集シテ協議会ナルモノヲ開キ案ヲ協議シ意見ヲ徴シ議員多数ノ意見ニ従ヒ上申案ヲ作ルヲ例トシ従テ右協議会ニ於ケル成案ハ事実上殆ト総テ他日村会ノ可決ヲ見実行セラルルニ至ル関係ナリ」―引用者註）ヲ有スルモノナル以上村会議員ノ職務執行行為ニ関渉シ之ト密接ナル関係ヲ有スルモノト認ムヘキモノナルカ故ニ被告人カ右協議会ニ関シAノ請託並依頼ヲ承諾シ之カ報酬トシテ金員ノ交付ヲ受ケタルハ村会議員ノ職務ニ関シ賄賂ヲ収受シタルモノト謂ハサルヘカラス」（大判昭七・一〇・二七刑集一一・一四九七）。

【69】　「町村制第六十三条第六項ニ依レハ助役ハ町村長ノ推薦ニ依リ町村会之ヲ定ムルモノナレハ町村長及町村会議員ハ其ノ町村ノ助役ヲ決定スル職務権限ヲ有スルコト明白ナリトス而シテ町村長カ助役ノ推薦ヲ為スニ当リ任意ニ予メ町村会議員ヲ非公式ニ招集シ助役候補者中ヨリ助役ト為スヘキ者ヲ投票又ハ多数決ニテ議決セシムルカ如キハ町村長及町村会議員カ助役決定ノ職務ヲ円滑ニ遂行スル準備手段トシテ適当ナル措置ナリト謂フヘク他ヨリ之レヲ強制セサル限リ毫モ違法ニアラス而シテ右ノ議決ハ固ヨリ法理上ノ効力ヲ有セサルモ町村会議員カ町村会ニ於テ助役決定ノ職務ヲ実行スル準備行為トシテ該職務自体ト密接ニシテ離ヘカラサル関係ニ在ルモノナレハ等シク職務ニ関スル行為ナリト解スヘキモノナリトス加之原判決ハ被告人Xカ判示村会議員トシテ正式ノ村会ニ於テ尽力ヲ為スヘキ報酬トシテ原判決認定ノ第三ノ(イ)(ロ)ノ如ク饗応ヲ受ケ又ハ金員ヲ要求シタル事実ヲ認定シタルモノニシテ所論判示慣例ノ存スルコトハ右犯罪事実ノ経過事情ヲ叙述シタルモノニ外ナラサルカ故ニ原審カ判示被告ノ行為ニ付刑法第百十七条第一項ヲ適用シタルハ正当ニシテ擬律錯誤ノ違法アルコトナシ従テ仮ニ同被告人カ所論ノ如ク右助役推薦前ノ投票又ハ決議ハ其ノ職務ノ範囲外ノ行為ナリトノ意思ヲ有シ居リタリトスルモ之カ為ニ右各犯行ノ成立ニ影響ヲ及ホスヘキモノニアラス」（大判昭九・一一・二六刑集一三・一六〇八）。

まず、【68】の判例について考察しよう。当時、尋常高等小学校の位置は、まず市町村長から府県知事に上申し府県知事からさらにその可否を市町村に諮問し、その諮問があってからはじめて市町村会の議に付されることになっていた。そして、市町村長の上申案を作成することは、法律上は市町村長の権限にぞくしており、市町村会の議決を必要とする事項ではなかった。しかし、市町村長がその上申案を作成するにあたり、あらかじめ市町村議会員の協議会を開き、その決議に従ってこれを作成するのが慣行となっていた。したがって、その協議会は法律上正式の市町村会ではなく、そこにおいて決定した意見は法律上の効力をもたないとしても、これに参加した議員は議員であるからこそこれに参加したのであり、その決議は市町村会における議決の準備行為として事実上公務の決定を左右する力をもつといえる。それゆえ、その決議に加わることは、市町村会議員の事実上の職務行為とみることができる。つぎに、【69】の判例についてみよう。町村長が町村助役を推薦するにあたり、あらかじめ町村会議員を非公式に招集して、町村助役に推薦すべき者を議決させるばあいに、その議決は、町村会議員の正当の権限にぞくする行為ではなく、また、法律上の効力をもつ行為でもない。しかし、その議決は、町村会において正式に助役を決定する職務を実行するための準備行為として、町村会議員の事実上の職務行為とみられる（美濃部・前掲四四頁参照）。このような理由によって、判例は、右の二つの行為を、「職務執行と密接な関係のある行為」と解したのであろう。

（三） 地方議会の議員が、地方公共団体の執行機関に対し、議会に予算案を提出せしめるよう尽力する行為　大審院の判例は、直接に公務員自身の担任する職務に関する事項に関してではなく他の機関の権限にぞくする事項に関してその決定を左右しようとする行為については、たとえその行為が公務員として或る職務を担任していることにもとづいて行われ、また、その行為が事実上に公務の決定を左右する力を有するものであっても、原則として、賄賂罪の対象とはなりえないと解していた。

この原則にもとづいて、後掲【80】のような賄賂罪の成立を否定する判例が生れたのであった。ところが、大審院の判例のうちにも、前述の原則とは異なって、他の機関の権限にぞくする事項に関してその決定を左右しようとする行為を、特殊な理由を付して「職務執行と密接な関係のある行為」とみとめ、それに関して収賄罪の成立を肯定した判例が存在する。つぎの判例【70】がそれである。

【70】「改修ヲ要スル町村道ノ路線ヲ決定スルハ町村長ノ職務ニシテ町村会ノ職務ニ属セサルコト道路法ノ規定上明白ナリト雖本件町村道ノ改修工事ニ付テハ其ノ費用ノ四分ノ一ハ町村之ヲ負担スヘキモノナルカ故ニ町村長カ右決定ヲ為シ之ヲ施行スルニ付テハ町村ノ歳入出予算ニ右費用ヲ計上シ之ニ付テ町村会ノ議決ヲ経ルコトヲ要スルハ村町制ノ規定上疑ヲ容レサル所ナリ而シテ町村ノ予算ニ付テハ町村長其ノ議案ヲ発スヘキモノニシテ町村会議員ニ於テ其ノ発案権ヲ有スルモノニアラスト雖町村会ニ右予算案ノ提出セラルルニ当リ其ノ通過ノ為ニ議決権ヲ行使スルコトハ同議員ノ職務タルヤ寔ニ明白ナリト云フヘク且議員カ右議案ノ当否ヲ審案シテ議決ヲナスニ付テハ具体的ニ其ノ路線ヲ認識シ更ニ其ノ他ノ事情ヲ明ニスルコトヲ要スルヤ勿論ニシテ特定ノ路線其ノ他ノ事項ヲ条件トシテ議決ヲ為シ得ヘキコト亦当然ナリトス従テ判示救農土木工事補助費全部ヲ判示町村道立野線改修工事ニ使用シテ該工事ヲ実施スルコトヲ条件トシテ予算案ノ通過ニ尽力スルコトハ判示村会議員タル被告人ノ職務ニ関スルモノト認ムヘク而シテ此ノ目的ヲ以テ当該村長ヨリ予算案ヲ提出セシムルコトニ尽力スルハ被告人ノ職務其ノモノニ非サルモ其ノ職務ト密接ノ関係アル事項ナリト云ハサルヘカラス然レハ則被告人ニシテ判示議案カ合法的ニ判示村会ニ提出セラルルコトヲ斡旋シ其ノ提出アルヤ其ノ通過ニ尽力スルコトニ関シテ賄賂ヲ収受シ又ハ要求スルニ於テハ収賄ノ罪責ヲ免レサルコト明白ナリ」(大判昭一〇・九・二〇刑集一四・九〇〇)。

この判決は、まず、改修すべき路線の選定は村長の職務にぞくし村会の職務ではないことをみとめる。しかし、道路改修工事のための費用の四分の一は予算に計上することを要し、村会がその予算を議決するには「特定ノ路線其ノ他ノ事項ヲ条件トシテ議決ヲ為シ得ヘキコト亦当然ナリトス」と判示する。そして、この前提に立って、(1)救農土木工事補助費全部を特定の路線改修工事に使用することを条件として予算案の通過に尽力することは村会議員の職務に関するものであり、(2)この目的をもって村長より予算案を提出せしめることに尽力するのは村会議員の職務そのものではないが、職務と密接な関係のある行為であると解し、収賄罪の成立をみとめたのである。しかし、美濃部博士が指摘されるように、予算案を議決するにあたって村会には右に述べたような「条件を附し得る権能は無い。村会は唯道路工事費として金若干を支出することに同意するのみで、それを如何なる路線の改修費に充てるかは、村長の専決する所であり、村会はこれに与らない」(美濃部・前掲五三頁)とすれば、この判決の事例は、村長の権限にぞくする事項について村長を動かして補助金を特定の路線の改修費にあてることに決定させようと尽力する行為にあたることになる。したがって、この判決は、【80】の判例にあらわれた原則と異なる結論を示したものといえよう。そのために、前述のような理由づけを試みたのであろう。

(四)　所得調査委員が調査事項に関し自己の意見を披瀝し他委員の賛同を求める行為　つぎの判例【71】は、市町村議会議員以外の者、すなわち、所得調査委員について、「職務執行と密接な関係のある行為」の概念を用いている点で、これまでにあげた判例にたいして特色をもっている。

【71】　「刑法第百九十七条ニ於ケル収賄罪ハ公務員又ハ仲裁人カ其職務ニ関シテ賄賂ヲ収受スルノ要アルコト勿論ナリト雖モ該収受ハ必スシモ職務行為自体ニ付行ハレタル場合ニ限ルト解スルノ要ナク苟モ職務行

為ト密接ナル関渉ヲ有スル行為ニ関シ行ハレタル場合ニ於テハ是亦職務ニ関シテ収賄行為アリタリト云フニ何等妨ケアルコトナシ而シテ被告人カ本件所得調査委員タリシ当時ノ大正九年七月三十一日法律第十一号所得税法ノ規定殊ニ同法第四十九条等ニ依レハ所得調査委員ハ同委員会ニ出席シテ議事即チ税務署長ノ送付シタル調査書ヲ審査シ之カ可否ヲ決スヘキ権限ヲ有スルハ勿論其ノ査定方法ニ関シテハ出席員ノ多数決ニ依ルヘク可否同数ノトキハ会長ノ決スルトコロニ依ルコト等ヲ定ムル外細目ニ亙ル規定ナキモ同委員カ右調査事項ニ関シ自己ノ意見ヲ披瀝シ他委員ノ賛同ヲ求ムルカ如キコトハ該議決ニ密接ナル関渉行為タルコト疑ナシ飜テ原判示事実ニ徴スレハ被告人ハ松山税務署所轄松山市部所得調査委員ナリシヲ以テ原判示ノ如ク同委員トシテ同税務署ニ於テ開催ノ所得調査委員会ニ出席シ所定ノ期間中同税務署管内ノ松山市部納税義務者ノ第三種所得税ニ於ケル所得金額及営業収益税ニ於ケル個人営業純益金額並資本利子税ニ於ケル乙種資本利子金額臨時利得税ニ於ケル個人利得金額等ニ関シ同税務署長ヨリ送付ニ係ル調査書ニ基キ其ノ金額ノ当否ヲ査定シ決議ニ関与スルニ付正当ナル職務権限ヲ有セシコト前示税法ノ規定ノ外同法第二十六条第二十七条第二十八条大正十五年三月二十七日法律第十一号営業収益税法第十三条第十四条同年三月二十七日法律第十二号資本利子税法第八条第九条昭和十年三月三十日法律第二十号臨時利得税法第十七条第十八条等ニ照シ明瞭ナルトコロナリ然リ而シテ原判示事実ニ依レハ被告人ハ右所得税調査委員会ニ於テ調査委員トシテ該調査決議ニ関与スルニ当リ原判示第一乃至第七ノ如クA外六名ヨリ各有利ナル決議方斡旋ニ付夫レ夫レ請託ヲ受ケ右請託ニ対スル各謝礼ノ趣旨ナルコトヲ諒承ノ上各原判示ノ如キ物件ヲ受領シタリト云フニ在ルヲ以テ該物件ノ収受ハ孰レモ被告人カ原判示所得調査委員タル自己ノ職務ニ関シ又ハ少クトモ該職務執行ト密接ノ関係ヲ有スル行為ニ付之ヲ収受シタルモノト認ムルヲ正当トス」(大判昭一五・四・二二刑集一九・二一七)。

この判例は、調査事項に関し自己の意見を披瀝し他委員の賛同を求める行為は、調査委員の本来の職務行為である議決権の行使のための準備行為として、それに実質的な影響力をもつから、「該議決ニ密接ナル関渉行為タルコト疑ナシ」と判示したのであろう。もっとも、この判例は、右の行為を、調査委員の職務そのものと解する余地があることもみとめている。

（五）　自己と同一の事務に参与する同僚または上司に斡旋尽力する行為

つぎにあげる判例【72】は、営業純益金額の決定に関する事務を処理する税務属が、業者に有利な右金額の決定をするため、右とおなじ事務に参与する同僚または上司に斡旋尽力することは、営業純益金額を決定するにいたらしめる本来の職務行為ではないが、これと密接関連を有する行為であると解している。

【72】（事実）　被告人は、糸綿布団商Aの昭和一八年度営業純益金額決定に付有利なる取計あるよう担当係官に斡旋尽力ありたき旨の請託を受け、右趣旨の下に供与せらるるの情を知りながらAより現金を受納してその職務に関し賄賂を収受した。

（判旨）　「原判決カ証拠ニ基キ確定シタル事実ニ依レバ被告人ハ税務属トシテ板橋税務署ニ勤務シ上司ノ指揮監督ノ下ニ個人ニ対スル所得税営業税臨時利得税等ノ税額算定ノ基礎トナルベキ所得金額営業純益金額等ノ決定ニ関スル事務ヲ処理スル職務ヲ有スルモノナレバ同シク右事務ニ参与スル同僚又ハ上司ヲ説キ業者ニ有利ナル営業純益金額ノ決定ヲ為スベク斡旋尽力スルコト自体ハ其ノ本来ノ職務ニ属セザルモ右ハ営業純益金額ヲ決定スルニ至ラシムルモ被告人ノ前示職務執行ト密接関連ヲ有スル行為ナルヲ以テ之ヲ刑法第百九十七条ニ所謂『職務ニ関シ』ニ該当スル行為ナリト謂フニ妨ナシ」（大判昭一九・七・二八刑集二三・一四三）。

この判例は、担当係官に斡旋尽力する行為を「職務執行ト密接関連ヲ有スル行為」とみとめたものとして、特色をもっている。判例の一般的傾向は、他の機関の権限にぞくする事項についてその決定を左右するために斡旋尽力する行為にかんしては、職務関係の存在を否定した。この判例は、被告人自身と同一の事務に参与する同僚または上司に斡旋尽力したことに重点をおいて、職務と密接な関係のある行為の存在を肯定したのであろう。いずれにせよ、本件の被告人の行為は、被告人自身の本来の職務行為のための準備行為としての性格をもたない。ただ、同一の事務に参与する同僚または上司に斡旋尽力したのであるから、それらの担当係官に対して強い実質的影響力をもっていたであろうことは否定できない。さらにまた、一方では、法令のうえで一般的権限をもつときは、たとえ官庁の内部的事務分配によってある事務を現実に担当していないばあいでも、その権限を失わないとして、現実に担当していない事務にかんしても、「職務執行と密接な関係のある行為」の概念を用いないで、収賄罪の成立をみとめている判例【12】【13】があることに注意しなければならない。これらの判例の事案は、【72】の事案と似ている。ただ、【12】【13】の判例においては、現実に事務を担当する者に斡旋尽力することは判旨のうえにはあらわれていない。したがって一般的権限をもつが現実に事務を担当していない者の「職務」そのものにたいする収賄として、問題がとりあげられている。これに対比すれば、この判例【72】においては、斡旋収賄にあたるものが、同一の事務に参与する同僚または上司にたいする斡旋尽力であるという限定のもとに処罰されているとみるべきであろう。それゆえ、この判例の事案は、もし斡旋尽力ということを表面にださなかったならば、事務分配の問題として、【12】【13】の判例とおなじように、被告人の「職務」にぞくするということもできたばあいであろう。

(六)　これまでみてきたように、大審院の判例は、「職務執行と密接な関係のある行為」の概念を、はじめは、市町村議会の議員が同僚議員に対し一定の事項に賛同してくれるように勧誘する行為に用いてきた((一)(二)参照)。これらの行為は、本来の職務執行のための準備行為として、本来の職務執行に対し、実質的な影響力をもつ行為であったといえよう。これに対し、市町村議会の議員が地方公共団体の執行機関に対し議会に予算案を提出させることに尽力する行為について、その概念を適用した判例は、例外的なものであった（（三）参照）。ところが、やがて、大審院判例は、市町村議会の議員以外の者、すなわち、所得調査委員（（四）【71】参照）・税務属（（五）【72】参照）についても、「職務執行と密接な関係のある行為」の概念を用いるようになった。しかし、所得調査委員についてのばあいは、やはり、本来の職務執行の準備行為としての意味をもっており、また、税務属についてのばあいは、事務分配の問題としてとらえるならば、「職務」にぞくするとすることもできる事案であった。

このようにみてくると大審院の判例は、「職務執行と密接な関係のある行為」の概念を、右にあげたばあいについて、限定的に用いていたといえよう。そしてまた、一方では、本来の職務執行といえるか否か疑問とされる行為のすべてについて、右の概念が適用されたわけではないことにも注意しなければならない。そのような行為であっても、「職務」の範囲にぞくするとされた事例が、多く存在するのである（たとえば、前出九頁以下の諸判例【2】【3】【4】【5】【6】等参照）。

四　最高裁判所の判例

（一）　つぎに、最高裁判所が「職務執行と密接な関係のある行為」をみとめて、賄賂罪の成立を肯定した判例について考察しよう。

まず、つぎの判例【73】は、板硝子割当証明書発行の職務を担当する戦災復興院雇が、右証明書の所持人に対し特定の店舗から板硝子を買受けるように仕向けることは、職務執行と密接な関係を有する行為であるとした。

【73】（事実）　被告人は戦災復興院福井建設出張所雇として勤務し、建築資材需要者割当証明書を発行する事務を担当していた。そして、硝子商Aから、同人が板硝子割当証明書が多く自己の店舗にまわるようにしむけられたい趣旨のもとに饗応するのを知りながら、数回にわたり饗応を受け、右の職務に関し賄賂を収受した。

（判旨）　「論旨は被告人が判示の如く板硝子割当証明書が多く判示Aの店にまわる様に仕向けたことは被告人が戦災復興院福井建築出張所雇として実際担当していた職務とは何等関係なく従つて被告人が判示Aから判示のような饗応を受けたとしても其職務に関し賄賂を収受したことにはならないと主張する。なるほど判示板硝子割当証明書を所持している者が或特定の店舗から板硝子を買受けるように仕向けることは厳密にいえば其職務の範囲に属するものとはいい得ないであろう、しかし被告人が権限に属する職務執行に当り其の職務執行と密接な関係を有する行為を為すことにより相手方より金品を収受すれば賄賂罪の成立をさまたげるものではない、従つて論旨は理由がない。」（最判昭二五・二・二八刑集四・二・二六八〔研究〕香川達夫・刑評一二巻三〇頁）。

この判例については、問題がある。たとえば、伊達判事は、「かような事務は、雇としての事務ではなく、私人的行為である。それは雇としての適格性を疑わしめる行為ではあるが、職務的行為の公正とか信頼とかいう問題とは関係がない」とされて、判旨に疑問を示される（法学セミナー・四号・二四頁）。香川助教授も、「本件被告人の職務は建築資材割当証明書を発行する事務を担当していたのであるから証明書の交付をもって被告人の事務は終了し、受領者が当該証明書をどう利用するかは全く被告人のあずかりしらぬところである。したがって自己の発行した証明書を特定の店舗から買入れるよう勧告した事実があるにしても、それはもはや被告人の職務行為外のことであるから、この点につき原審判示の如く饗応をうけたにしてもそれは職務に関し賄賂を収受したものとはいえないのではなかろうか」と指摘される(刑評一二巻三五頁)。たしかに、本件の行為のように、建築資材割当台帳にもとづいて建築資材割当証明書を発行してから後の行為は、職務の公正もしくはそれに対する信頼をそこなう事実上の職務行為とみることは困難である。これは、従来の大審院判例が、本来の職務行為のための準備的行為として、それに実質的な影響をもつ行為を「職務執行と密接な関係のある行為」とみとめる傾向を示していたのとくらべても、それとは異なる性格の行為であることは否定できないであろう。したがって、判旨には疑問がある。

つぎの判例【74】は、繊維貿易公団神戸支所棉花課長が、輸入実務取扱業者および輸入実務取扱業者の下請業者から職務に関し収賄した事案について、まず、右棉花課長は、法令上、神戸港における輸入棉花の引取、保管、輸送、引渡に関する輸入実務取扱業者(貿易庁の定める資格に該当し入札によって繊維貿易公団のなすべき業務の委託を受ける輸入商社)と連絡し、必要な報告を徴しまたは実務処理の状況につき調査する等これを監督指導する職務を有していたものであるという判断を示した。そしてさらに、右輸入実務取扱業者の下請業者(荷積倉庫、運送等の各業者)が間接的には公団の輸入実務委託契約上の権利に服するものであることを理由に、下請業者を監督指導することは、右棉花課長の職務自体には属しないとしても、その職務と密接な関係を有し、同人の職務に関するものと解するのが相当であると判示したのである。

【74】「貿易公団法に依れば、繊維貿易公団(以下単に公団と略称する)の役職員はすべて政府職員とされ、上司の監督の下に同法一六条の定める公団の業務を行うべき一般的職務を有し、特に輸入品については、同

法一七条に基いて定められた公団業務方法二二条、一六条によりその種類に応じて輸入実務取扱業者の指定並びにこれら取扱業者との輸入実務委託契約の締結に関する公団の業務を行うべき職務を有していたと共に、公団神戸支所職制並びに同分課規程等に依れば、棉花の輸入実務取扱業者と連絡し、必要な報告を徴し又は実務処理の状況につき調査する等輸入実務取扱業者を監督指導することも棉花課長たる被告人Xの職務に属していたことは疑をいれないところである。論旨は、なお、公団と輸入実務取扱業者との関係は私法上の契約関係に過ぎないとして、被告人Xの輸入実務取扱業者に対する職務関係を否認するけれども、同被告人が輸入実務取扱業者に対する公団の実務委託契約上の権利を行使することは、一面において私法上の権利行使であると同時に他面において同被告人の法令上の職権行為であると認められるのであるから、公団と輸入実務取扱業者との関係が私法上の契約だからといって、その一事を以て同被告人の職権行為を否定することはできない。尤も、原判決は所論のように、公団と輸入実務取扱業者との関係は『従的不可分の関係』であり『当事者対等の関係を前提とする単なる私法上の契約関係』ではないと判示している。そしてこの点から見ると、原判決は輸入実務取扱業者を以て公団の下級行政機関と解し、公団はこれらの者に対し行政法上の指揮監督権を有していたものとするようであり、その指揮監督権が私法上の契約にもとずく権限以上のものを意味するもののようであって、かかる指揮監督権を認めることは法令上の根拠を欠くものであること所論のとおりであるが、しかし、被告人Xは公団神戸支所の棉花課長として前記のごとき法令上の職務を有していたものであり、本件収賄行為はその職務に関してなされたものであると認めることができる」

「所論下請業者は、公団に対する輸入実務取扱業者の契約上の義務に関する履行補助者であるから、輸入実務委託契約上公団と下請業者との間に直接の法律関係を生ずるような特段の定がない場合でも、間接的には公団の輸入実務委託契約上の権利に服するものというべく、従って、被告人Xが公団の職員として下請業者を監督指導することは同被告人の職務自体には属しないとしても、その職務と密接な関係を有し同被告人の職務に関するものと解するのが相当である」（最判昭三二・二・二二刑集一一・二・九四六〔研究〕竜岡資久・解説一五九頁）。

つぎの判例【75】は、のちにあげる【77】の事案を収賄者側についてとりあげたものである。

【75】　「原判決が、京都市中央市民病院の薬剤科部長である被告人が同病院の薬品の購入につき要求伝票を作成する行為は、同病院事務規則による本来の職務行為ではないが、薬剤科に属する薬品の保管整理に関する本来の職務と密接な関係にある行為と解して差支えない旨……を判示したのは、正当である。」(最決昭三三・三・一三刑集一二・三・五三三〔研究〕吉川由己夫・解説一三七頁)。

(二)　ところで、つぎにあげる二つの判決は、これまで「職務と密接な関係のある行為」という概念を用いていたところを、「公務員が法令上管掌するその職務のみならず、その職務に密接な関係を有するといわば準職務行為又は事実上所管する職務行為」と分析して表現している点において、注目に価する。しかし、このあたらしい表現の意味するところも、かならずしも明白とはいえない。「準職務行為」とは、職務権限を規定する法令からみて類推することができる行為、もしくは、さらに広義に、職務行為に準ずるような公務的性格をもつ行為を意味するのであろうか。「事実上所管する職務行為」とは、法令上管掌する職務と関連するために事実上所管する職務行為を意味するのであろうか。いずれにせよ、判例が「職務と密接な関係のある行為」という明確を欠く概念を分析して、それが、すくなくとも、公務的性格をもつものでなければならず、また、事実上職務行為とみとめられるものでなければならないことを示そうとする意図を明らかにしたのは、正しい方向を示すものであるといえよう。

【76】　(事実)　被告人はC村役場書記であって、C村村長Dの補助として外国人登録に関する事務を取扱

っていた。そして、（1）外国人登録令の適用を受けるAより同人のため外国人登録証明書を偽造して貰いたいと請託を受け同人の写真二枚を預り、これに対する謝礼の趣旨で饗応するものであることの情を知りながら同人より一人前百七十五円相当の酒肴の饗応を受け、もって前記職務に関し収賄し、よって（2）記載の如くAのため外国人登録証明書の偽造をなし

（2）Aの依頼にもとづき、さきにBより入手したC村村長D発行の同村長の記名捺印あるEに対する外国人登録証明書を利用し、行使の目的をもって濫に右登録証明書に貼付されてあった写真を剝取りその代りに前記Aの提供した同人の写真を貼りつけて、あたかもAに対する登録証明書の如く作為し、以て同村長作成名義のAに対する外国人登録証明書一通の偽造をなした。さらに、これとほぼ同様の事実が他に一つある。

（上告趣意）「単純収賄の関係において職務に関する収賄の成立が認められることが直に、刑法第百九十七条の三に所謂加重収賄の関係においても、同じくこの収賄が成立するということはできないのである。即ち所謂加重収賄の関係にあって『その職務』と云うことは本来収賄者が固有に職務権限を有するときのみにこの犯罪が成立するものであり、固有の職務を有せざる限りそれが機械的補助職務のような場合ではこの犯罪の成立を考えることはできない」

（判旨）「公務員が法令上管掌するその職務のみならず、その職務に密接な関係を有するいわば準職務行為又は事実上所管する職務行為に関して賄賂を収受すれば刑法一九七条の罪は成立するのである。従って公務員が右の罪を犯しかかる準職務行為につき不正の行為を為し、又は相当の行為を為さないときは、同条ノ三の罪が成立するものと解するのを相当とする。けだし、この場合においても、法令上所管する職務そのものに関して不正の行為の為された場合と同じく、加重収賄を認むべき事情は存在するからである。」（最決昭三一・七・一二刑集一〇・七・一〇五八〔研究〕伊達秋雄・解説二一七頁）。

【77】（第一審認定の事実）「被告人は医薬品卸商株式会社A商店の常務取締役であるが、同店社員Bと共謀の上、……京都市立中央市民病院薬剤科部長である京都市技術吏員Cに対し医薬品購入に関し便宜の取

計いを受けた謝礼並に将来も同様の取計いを願いたい趣旨のもとに、……右Cの自宅で神岡鉱業株式会社、株券百株券五枚時価約五万五千円相当を交附し、以て右Cの職務に関して賄賂を供与したものである。」

（第一審判旨）「弁護人は薬品の購入は薬剤科の職務権限にはないから右供与は職務に関するものでないと主張するが挙示のC、Dの各証言を綜合すれば同病院における薬品の購入は職務権限から言へば薬剤科の仕事ではなく、庶務課の職務権限に属し病院長の決裁によって行われる点はまことにその通りである。然しながら当時病院における薬品購入の実情についてみるに薬剤科部長であるCの処にB始め各薬品商の店員が薬の注文をとりに行ってこれと接渉の結果Cが各科の要求をとりまとめて薬品名、数量、注文先を明示して要求伝票を庶務課に提出し庶務課は予算の範囲内で病院長の決裁を経て注文をすることになっている。然も薬品が専門的な知識を要する関係からCの要求は殆んどそのまま受入れられていた点が窺われる、そうであるとすれば、Cには形式上の職務権限はなくとも実際上は注文先、品目、数量等を決めるについては主要な仕事をしていたことになるので、例え職務権限はなくとも職務に密接なる関係にあることは言う迄もないから以上によって職務に関するものと認めるに充分である。」（京都簡判昭二九・一・三〇最判刑集一一・二・九三二所収）。

（第二審判旨）「所論の事務分掌規則によれば、Cが部長であった薬剤科には薬品の品目、数量注文先等を決定する権限がある旨の趣旨をうかがうことがむつかしいけれども、原判示の証拠によれば同判示のように、Cの処理にかかる購入薬品の品目、数量、注文先の指定は殆んど、そのままこれを、決定する権限ある機関によって承認されるを例としていたことが認められるから、被告人がBと共謀の上右Cの職務に関し本件株券を贈与したものというに支障がない」（大阪高判昭三〇・二・四最判刑集一一・二・九三三所収）。

（上告審判旨）「刑法一九七条にいう公務員の職務に関しというのは、公務員が法令上管掌するその職務のみならず、その職務に密接な関係を有するいわば準職務行為又は事実上所管する職務行為に関する場合も含むものであることは当裁判所の判例（昭和三〇年（あ）第四一〇七号同三一年七月一二日第一小法廷決定、集一〇巻七号一〇五八頁参照）とするところであるから、結局原判決は正当であって所論のような違法はな

い。」（最判昭三二・二・二六刑集一一・二・九二九〔研究〕高橋幹男・解説一五二頁）。

【76】の判例は、前述のあたらしい表現をはじめて用いるとともに、刑法一九七条ノ三第一項の加重収賄罪が職務と密接な関係を有する行為にかんしても成立しうると解している。たしかに、職務と密接な関係を有する行為については、本来の職務行為のばあいよりも何が不正の行為であるかを判断するのが困難であることは否定できない（伊達・前掲解説二二一頁参照）。それにもかかわらず、この判例が加重収賄罪の成立をみとめている点は注目に価する。

（三）　つぎにあげる判例【78】は、公務員の斡旋行為が当該公務員の担当職務の執行と密接な関係にあるばあいには、その行為は収賄罪にいわゆる「其職務ニ関スル」ものということができると解している。この判例は、斡旋収賄罪（刑法一九七条ノ四）の立法がなされる以前のものである。しかし、その立法がなされた現在においても、この判例の趣旨はやはり生きているとみなければならないであろう。なぜならば、斡旋収賄罪は職務に直接の関係をもたない斡旋行為をも一定の要件をそなえれば処罰しようとするものであり、斡旋行為が職務に関するものとみとめられれば、一般の収賄罪の規定が適用されることになるからである。

【78】（第二審認定の事実）　「被告人Xは昭和二十三年七月十日から建設技官として、建設省総務局（昭和二十四年六月一日管理局となる。）資材課に勤務し、燃料係主任を命ぜられ、官公庁施行の土木建築事業に伴う登録土木機械用石油製品の需要量の査定及び集計、右石油製品の同省特別建設局営繕部第六課及び地方建設局並びに都道府県に対する配給割当案の作成、同割当決定の通知等右石油製品の需要調査に関する事務

等を担当し、本件発覚後休職となったもの、被告人Yは昭和二十三年七月頃から、東京都内において、貨物自動車による運送事業を営む東京土建運輸株式会社に車輛課長として勤務し、車輛保管、製備並に燃料の調達購入等に関する事務を専掌していたものであるが、被告人Xは、予て知合の被告人Yから、昭和二十三年九月頃、右任務遂行上必要なガソリン等石油製品の調達について、便宜の取計ありたい旨の依頼を受けたところ、自ら民間業者に直接発券する権限を欠き、自己の手によって、右東京土建運輸株式会社に発券するときは、忽ち書類上の処理に窮するところから、自己の権限において登録土木機械用石油製品の割当先に該り、而も土木建築請負の業者に限るとしても、一応民間業者に対する発券の権限を有し、従って、事後の処理に容易な同一庁内特別建設局営繕部第六課にして、その保有量の一部を割いて、右会社に発券させる方法により、同課を通じて、右依頼に応じようと企て、その頃同課勤務の建設技官Aに対し、将来の割当査定にあたっては、同課に特別割増の考慮を払うべき含みの下に、よって同人を動かして同年九月から昭和二十四年九月に至るまでの間前後一九回に亘り、同課としても本来は発券することを許されない右会社に対し、ガソリン合計一万千九百立、モビール合計五百四十五立等石油製品の割当証明書を逐次発行させる斡旋をしたので、被告人Yは、右取計を受けたことに対する謝礼の趣旨の下に、昭和二十三年九月頃から昭和二十四年九月に至るまでの間東京都内建設省前外二ケ所において、被告人Xに対し、一回につき五千円乃至二万円の割合により現金三十万五千円を交付し、以て被告人Xの前記職務に関し賄賂を供与し、被告人Xは右趣旨の下に供与するものである情を知りながら、これを受取り以て、前記職務に関し賄賂を収受した」

(第二審判旨)　「他の公務員又は仲裁人の職務権限又は担当職務に属する事項について、斡旋することがすべて、所謂斡旋収賄であって、犯罪を構成しないものと解することもできない。蓋し、斡旋行為が当該公務員又は仲裁人の職務権限又は担当職務と密接な関連を有する場合もあり得べく、このような場合には斡旋行為と雖も、『職務に関する』行為となり得るからである。而して、右のような密接な関連のない事項に関する場合の斡旋行為についてのみ、所謂斡旋収賄が成立し、現在においては、犯罪を構成しないものと解すべきである。これを本件について見ると、被告人Xは、自ら直接に民間業者に石油製品の割当証明書を発券する権限を欠き、被告人Yの求めにより、右割当証明書を発券することは、その職務権限又は担当職務に属しないことは、原判示のとおりであるが、原判示によれば、被告人Xは、建設省総務局(後に管理局)資財課勤務の技官であり、燃料主任であり、石油製品について、同省特別建設局営繕部第六課及び地方建設局並びに都道府県に対する配給割当案の作成、割当決定の通知等石油製品の需要調整に関する事務を担当していたものであるから、これらの事務に関し、右特別建設局営繕部第六課及び地方建設局並びに都道府県から、石油製品等の割当に関する申請を受け或いはこれらの部局課又は都道府県から、更に石油製品の配給割当を受けるべき土木関係業者の特別配給又は増配の陳情を聴き、特別の事情があるときは、当該土木関係業者が配給割当を受けるべき部局課又は都道府県にその特別配給又は増配分を加味して自己の配給割当案を決定し或いは当該土木関係業者を担当部局課又は都道府県に紹介し、右特別配給又は増配の斡旋をすることも亦右担当職務と密接な関連ある事項であって、『職務に関する』事項と解することができる。而して、被告人Xは、被告人Yから、石油製品の調達について、便宜な取計ありたい旨の依頼を受け、原判示のように、自己の権限における土木機械用石油製品の割当先に該り、而も一応民間業者に対する発券の権限を有する同一庁内特別建設局営繕部第六課技官Aに、将来の割当査定にあたっては特別割増の考慮を払うべき含みの下に、右第六課の保有量の一部を割いて右会社に割当証明書を発券させたというのであるから、これまた、同被告人の担当職務と密接な関連ある事項であって、『職務に関する』場合に該当するものと解すべきである。その行為が斡旋行為に該当するの一事を以て、職務に関しないものとすることができないのみならず、右のような方法による被告人Yに対する発券が、原判示のように本来許されないところであった(被告人Yの勤務していた東京土建運輸株式会社は運輸省の所管に属し、同省から石油製品の配給を受くべき立場にあった)としても、このところからも、右が被告人Xの職務に関しないものとすることはできない。」(東京高判昭二七・九・八最判刑集一一・一三・三三〇)

七所収）。

（上告審判旨）「刑法一九七条にいう『其職務ニ関シ』とは、当該公務員の職務執行行為ばかりでなく、これと密接な関係のある行為に関する場合をも含むものと解するのが相当である。そして、原判決が詳しく説明しているとおり、被告人の本件行為それ自体は、公務員の職務執行行為ということはできないとしても、担当職務の執行と密接な関係のある行為に該当することは、当裁判所においても是認することができる。だから、被告人は、その職務に関して収賄したものであり、原判示は正当である。職務の執行と密接な関係のない単純な斡旋収賄であることを前提として、罪を構成しない事案であると主張する論旨は、原審の事実認定にそわないものであって採ることを得ない。」（最決昭三二・一二・一九刑集一一・一三・三三〇〇〔研究〕高田義文・解説六二二頁）。

この事案についての第二審判決（それは、最高裁判所によって是認されている。）は、被告人が第六課の保有量の一部を割いて右会社に割当証明を発券させるように斡旋するばあいに、被告人の本来の職務権限にぞくする割当査定にあたって特別割増の考慮を払うという含みの下に行ったという点を重視して、本件の斡旋行為を「職務執行と密接な関係のある行為」と判断したとみるべきであろう。他の機関の権限にぞくする事項について斡旋する行為については、職務関係の存在を否定するのが、判例の原則的態度であった（前出八四頁・後出一〇五頁参照。もちろん、これは斡旋収賄罪の立法がなされる以前のことである。）。ただし、その態度をあきらかにした【80】の判例においては、自己にぞくする権限を行使する含みのもとに斡旋したという事実は認定されていない。この点に、この判例【78】と【80】の判例との差異をみとめるべきであろう。

（四）　これまで考察してきた判例についてみると、最高裁判所は、「職務執行と密接な関係のある行為」の概念を、本来の職務行為の準備的行為としてそれに実質的影響をもつ行為とはいえない行為についても、広く用いている。さらにまた、右の概念の主体についても何ら限定を設けていない。これは、大審院判例の原則的態度と対比するとき、注目すべき差異といえよう（大審院判例も、右の概念を、徐々に広く用いる傾向を示していた。前出九〇頁参照）。

五　高等裁判所の判例

ここで、高等裁判所の判例が「職務執行と密接な関係のある行為」をみとめた事例のうち、重要なものについて、簡単にふれておこう。

（一）東京高判昭和二八・五・二八刑集六・六・七五五は、農林省建設事業所長として管理工事の企画実施にかんする総括的監督等の職務権限を有する農林技官がその監督下にある工事の請負人が資金難に陥り工事の進行が困難になったばあいにその工事の円滑な施行を図るため右請負人のために融資の斡旋をし、また政府の支払うべき工事請負代金をもって債務の弁済を確約するとの意味において右請負人の振り出す約束手形に保証人として署名することは職務に密接な関係ある行為とみとめることができるとした。

（二）東京高判昭二八・七・一六東京高時報四・二・三三は、区教育課施設係長が黒板購入につき特定の製造業者を指定することは、施設係長としての職務執行自体ではないが職務執行と密接な関係を有する行為とみとめることができるとしている。

（三）さらに、つぎの判例【79】(1)は、町議会の議員にして学校関係事項を分掌する厚生委員会の委員長が、その資格により町長の設置した学校建築実施に関する諮問機関たる協議会の構成員となり、同協議会において落札金額決定の基準となる敷札金額につき意見を述べることは、町議会の議員にして厚生委員長の職にあるものの職務行為と密接な関係を有するものというべきであるとしている。

【79】（1）「志免町においては従来町長が比較的大規模の工事を施行するに際しては、その円滑な遂行を期するため関係議員の協力を求めるを例とし、学校建築については町議会の議長、副議長、厚生委員会の委員長、委員等を以て協議会なるものを組織し、入札業者の指名、入札方法の選定、敷札金額の決定、工事監督の方法等につきその意見を徴する慣例であったことが認められる」

「前叙の如き趣旨を以て設けられた協議会において町議会議員であり且つ学校関係事項を分掌する厚生委員会の委員長が、町長の専権に属する学校建築の実施（教育委員会法第五四条の三）に関する諮問に対し敷札金額（落札金額決定の基準となる金額）につき意見を述べることは、議会の有する前記認定権、検査権、調査権行使の事前における準備行為と目すべきものにして、右議会を構成する町議会議員兼厚生委員長の職務行為と密接な関係を有するものと謂うべく、従って前記協議会における意見開陳に関し報酬として金品を授受すれば、町議会議員兼厚生委員長の職務に関し賄賂を授受したものと断ぜざるを得ない。」（福岡高判昭三一・五・二二刑集九・五・二七）。

この判例は、【68】【69】の判例とほぼ同一の理論構成をとっている。「職務と密接な関係のある行為」をみとめる根拠として、協議会において意見を述べることが、議会の有する諸権限の事前における準備行為と目すべきことを、指摘している点に注目すべきである。

さらに、同一の判例【79】の（2）の部分は、つぎに示すように、町議会の議員にして学校関係事項を分掌する厚生委員会の委員が、その資格により町長の実施する学校建築につき工事監督を委嘱されてその監督に従事することは、地方自治法一五条一項にもとづく工事監督員設置規程制定以前においても、町議会の議員にして厚生委員の職にあるものの職務行為と密接な関係を有するものというべきであるとしている。この部分についても、判例は、町議会の有する諸権限行使の事前における準備行為であることを、職務と密接な関係のある行為をみとめる根拠としている。

（2）「町長が自己の専権に属する小学校の建築実施に際し、その工事監督を町議会議員に担当させることはそれが非常勤ならば毫も地方自治法に違反するものとは謂われない。而して志免町工事監督員設置規程は地方自治法第一五条第一項に基き志免町長が制定したものであるから、該規定により選任された工事監督員は法令により公務に従事する職員と謂うべき」である。

「而して、同規程制定以前の監督は何等法令に根拠を有するものでないけれども、右工事監督は記録によれば学校建築が設計書、仕様書に合致しているかどうか、使用材料が所定の規格に合しているかどうか等に関するものなるところ、町議会は地方自治法第九八条第二項に基き監査委員に対し町の事務に関する監査を求めその結果の報告を請求する権限を有し、又同法第一〇〇条第一項により町の事務に関し調査を行う権限を有するから、町長が実施する学校建築につき前記の如き工事監督をなすことは町議会の有する前記権限行使の事前における準備行為と目すべきものにして、右議会を構成する町議会議員兼厚生委員の職務行為と密接な関係を有するものと認めるのが相当である。従って右監督に関し報酬として金品を収受すれば町議会議員兼厚生委員の職務に関し、又前記規程制定後においては併せて公務員たる工事監督員の職務に関し賄賂を収受したものと謂わねばならない。」（福岡高判昭三一・五・二二刑集九・五・五二七）。

（四）東京高判・昭三二・四・一七刑集一〇・三・二四六は、課長を補佐して学校給食用物資の需要供給の総合調整、需要量の取纒め、その割当配分および入手の斡旋の事務等を行う職務を有する文部省管理局教育施設部学校給食課の課長補佐が、連合国軍総司令部から文部省宛の覚書により、米国政府から日本国学童の学校給食用に贈与された大豆について、右司令部において指定した加工業者との間に具体的に右大豆の加工に関する契約を締結することは、その職務に密接に関連する行為であり、その行為に対する謝礼として右加工業者から財物を収受したときは、刑法一九七条一項の収賄罪が成立するとした。

六　「職務執行と密接な関係のある行為」の存在を否定した判例

ここで、判例が「職務執行と密接な関係のある行為」の存在を否定し、職務との関連性をみとめなかった事例について考察しよう。それによって、「職務執行と密接な関係のある行為」についての判例の考え方を、より明白にすることができよう。

（一）　まず、大審院の判例としては、つぎの判例【80】について考察する。

【80】（事実）　東京府では府立青山師範学校を移転するについてその予算はすでに府会を通過し、その移転先は追って府参事会の議決を経て決定することになっていた。ところが、東京府会議長であるXが、A電鉄株式会社専務取締役から同校の移転先敷地として同鉄道沿線の某地に決定されるよう斡旋してくれと依頼され府当局に折衝してその旨の議案を府参事会に提出させ、また、府参事会員に右議案に賛成するように勧誘説得につとめた報酬として三万円を収受した。

（判旨）「府会議員カ府当局ニ対シ府参事会ニ於テ議決セラルヘキ議案ノ提出ヲ慫慂シ若ハ其ノ通過成立ヲ図ル為府参事会員ヲ勧誘説得スル行為ハ府会議員トシテノ職務権限ニ非サルハ勿論府会議員タル職務ノ執行ニ何等必要若ハ密接ナル関係ヲ有スル事項ニ非サルヲ以テ固ヨリ其ノ職務ニ関スルモノト解スルヲ得ス而シテ又府会議員ハ法制上府参事会員ヲ選挙シ且之ニ選任セラルル資格ト機会トヲ有シ従テ府会ト府参事会トハ其ノ組織構成ニ於テ緊密ナル関係ヲ有スルコトハ洵ニ所論ノ如シト雖之カ為ニ判示請託カ府会議員ノ職務事項ト為ラサルハ勿論之ヲ密接ナル関係ヲ有スル事項ト為ルヘキ謂ハレナケレハ原判決ハ判示請託ヲ以テ被

告人Xノ職務ニ関スルモノト解セサリシハ正当ニシテ本論旨モ理由ナシ」（大判昭一二・三・二六刑集一六・四一〇〔研究〕吉田常次郎・刑事法判例研究二五五頁）。

【80】の判例は、府会議員が府当局に対し府参事会において議決されるべき議案の提出を慫慂し、もしくは、その通過成立をはかるため府参事会員を勧誘説得する行為は、府会議員としての職務の執行に密接な関係を有する行為にもあたらないとして、収賄罪の成立を否定した。この判例は、公務員が他の機関の権限にぞくする事項についてその決定を左右しようとする行為は、たとえその行為が公務員として或る職務を担任していることにもとづいて行われ、また、その行為が事実上は公務の決定を左右する可能性をもつものであっても、賄賂罪の対象とはなりえないという判例の原則的態度を示している。判例が、他の同僚たる議員に対し勧誘説得する行為は職務に関する行為であるとみとめながら（前出八〇頁以下、【64】―【67】の判例参照）、府参事会員に対して勧誘説得する行為は職務に関しないものとしているのは、前者のばあいはその勧誘の対象となる事項が府県会または市長村会自身の権限にぞくする事項であり、後者のばあいはその権限にぞくしない事項であることに、その根拠をもっていたのであろう。もちろん、この原則に反して、実質的には同様の事案について、なんらかの理由によって賄賂罪の成立をみとめている判例も存在する（前出八四頁以下、【70】の判例参照）。しかし、その判例は、特殊な理由を付していることからも分るように、あくまで原則に対する例外としての意味をもつにすぎなかった。そして、判例のこのような態度が、斡旋贈収賄罪の立法への一つの機縁となったのである。

（二）　ところで、最高裁判所の判例としては、まず、つぎの判例【81】が「職務執行と密接な関係のある行為」の存在をもみとめず、収賄罪の成立を否定している。すなわち、この判決は、農林大臣N

が、復興金融金庫から融資を受けようと考えている業者(製粉株式会社の社長H)に対し、その業者が右融資の斡旋申請書に添付すべき副申書を作成する権限のある食糧事務所長宛に「H君を紹介申上候よろしく願上候」と記載しサインした農林大臣名義の紹介名刺一枚を交付し、また復興金融金庫融資部長を紹介するが如き行為は、農林大臣の職務執行行為またはこれと密接な関係ある行為ということはできないと解して、NおよびHを有罪とした原判決を破棄しNを無罪とした(Hについては贈賄の点のみ無罪。他に有罪の事実がある。)。

【81】　「原判決が、判示第一の冒頭において、所論摘示のごとく、要するに、被告人Nは、昭和二三年三月一〇日より同年一〇月一八日まで農林大臣として農林行政一般に関する事務を統轄掌理していたほか判示のごときいわゆる復金(復興金融金庫)融資の斡旋事務の処理についても農林大臣所管の事務としてその責に任じていたものである旨判示したこと、並びに、判示第一の六および七において、所論摘示のごとく、要するに、被告人Hは、同年三月一八日被告人Nから農林省所轄下兵庫食糧事務所長宛に『H君を紹介申上候よろしく願上候』と記載しKNとサインした農林大臣N名義の紹介名刺一枚を貰い受け、また、被告人Hは、同年三月末頃農林大臣官邸で被告人Nから復金融資部長Aに紹介され、種々奔走尽力した結果農林省の斡旋により復金から融資を受けることができたので、その謝礼並びに将来も同様な便宜を受けたい趣旨を含めて同年七月三〇日被告人Nに対し現金三〇万円を同人の前記職務に関し賄賂を供与し、被告人Nはその情を知りながらこれが交付を受けた旨判示したことは所論のとおりである。そして、原判決の確定した被告人の前記復金融資の斡旋に関する職務権限の内容は、『毎年各四半期毎に産業の資金計画案を樹立しこれを基礎とし農林省内各局に於て受理した業者から申請の復興金融金庫(以上復金と略称す)から融資希望事業並その希望者を検討した上同省総務局総務部農林金融課に連絡し同課において更らに全部を取纏め整理し省議を経た上経済安定本部と折衝し農林全体に対する所謂融資枠が確定された後これを閣議に付議して融資枠の最後的決定がなされ、次で右決定に基づき農林省内に於て融資企業体の緊急度等を勘案して各局別各業態別にこれ

を適宜配合し各業者に対し復金融資の斡旋事務の処理について農林大臣としてその責に任ずる』というのであるから、結局その職務権限の内容は、毎年各四半期毎に産業の資金計画案を樹立すること、復金融資に関する省議を主宰すること、農林省全体としての融資枠を得ることについて安本と折衝すること、それが閣議に付されたとき意見を述べることのほか以上大綱に亘る事項の前後における各局部課の細目の事務的処理に対し一般的な統轄、監督をなし、必要なときは部下に指揮、命令をすることであるといわなければならない。従って、被告人Nが前記のごとき兵庫食糧事務所長宛の紹介名刺一枚を交付したこと(これが部下に対する指揮、命令でないことは所論のとおりである。)、並びに、復金融資部長を紹介したことは、農林大臣の復金融資に関する本来の職務執行行為に属しないものであることは論を俟たない。しかし、刑法一九七条の公務員の収賄罪の規定にいわゆる『其職務ニ関シ』とは、当該公務員の職務執行行為ばかりでなく、これと密接な関係のある行為に関する場合をも含むものと解するを相当とするから、前記被告人Nの行為が職務執行行為と密接な関係のある行為であるか否かを判定することとする。

まず、判示紹介名刺を交付したことについて審究して見ると、原判決の確定したところによれば、右名刺交付の日時は、被告人Nが農林大臣に就任した昭和二三年三月一〇日から一週間余を経た同月一八日であるというのであるから、同被告人が果して判示復金融資の職務行為につき深い理解を有していたかについては多大の疑問を存するのであるが、一方において原判決は、『被告人Hは、被告人Xから同人が製粉工場の設立並その設立資金融資に関する手続等を農林省係官に就て調査した結果の報告を受け前記東洋製粉株式会社の工場設立に要する資金を復金から融資を受けたいと考え昭和二三年三月一〇日頃農林省に対し右東洋製粉株式会社に対する復金融資の斡旋方の申請書を提出し、その頃被告人Nが止宿していた旅館駿台荘で被告人Xと共に当時農林大臣に就任していた被告人Nに面会して右製粉事業計画の内容を説明して援助方を依頼し同人の賛成を得て激励されたのであるが、農林担当係官から右申請書につき地元食糧事務所の副申書の添附がないと受理できない旨注意されたので同月一八日右駿台荘に於て被告人Xの口添により被告人Nから右名刺を貰い受けた』と認定しているのであるから、被告人Nは、被告人Hが自己の職務に属する復金融資の斡旋方の申請書を受理されるのに必要な副申書を書いて貰いに行くのに利用することを知りながら該名刺を交付したものと認めざるを得ない。その上該名刺は農林大臣の肩書を附したものであり、宛名は農林省所轄下の兵庫食糧事務所長であり、しかもその結果目的とした副申書を得ることができたのであるから、該名刺の交付は、結局被告人Nの職務に関係ある行為であるとなさざるを得ない。しかし前記のごとく、副申書は、復金金融斡旋方の申請書を受理されるために必要な書類ではあるが、これをもらって右申請書類を整備する等のことは、復金融資を受けるための準備的段階の行為たるに過ぎない。果して然らば、本件名刺の交付は、被告人Nの職務に関係ある行為ではあるが、未だその職務執行行為に密接な関係のある行為ということはできない。

次に被告人Nが被告人Hに対し判示復金融資部長を紹介した点について審究して見ると、原判決の認定したところによれば、右紹介はその紹介の場所その他から見て被告人Nが個人としてではなく、農林大臣としてしたものであって、その目的は被告人Hをして復金から融資を受けるについて復金融資部長に対しこれが依頼をなす機会を与えるためであったと解することができる。しかし、復興金融金庫法二八条によれば、『復興金融金庫及び復興金融審議会は、主務大臣が、これを監督する』のであり、同法施行令三四条によれば、『復興金融金庫法中主務大臣とあるのは、大蔵大臣及び通産大臣とする』とされているのである。それ故、農林大臣は復金を監督する主務大臣ではない。また右復金融資部長は重要なる地位にあるものではあるが、農林大臣の部下でないこと明らかであるから、原判決の確定した前記復金融資に関する農林大臣の職務権限によれば、かかる紹介はその本来の職務権限に属しないことはさきに一言したとおりであり、またこれに密接な関係のある行為ともいい難いことは多言を要しないところである。然らば、如上説明したとおり右の紹介行為は二つとも同被告人本来の職務行為ではなく、またその職務に密接な関係のある行為とも認められない以上、被告人Nの本件収賄罪は成立しないものといわなければならない。」(最判昭三二・三・二八刑集一一・三・一一三六〔研究〕竜岡資久・解説一九七頁）。

この判決は、本件名刺の交付が被告人Nの職務に関係ある行為であることをみとめながらも、「副申書は、復金金融斡旋方の申請書を受理されるために必要な書類ではあるが、これをもらって右申請書類を整備する等のことは、復金融資を受けるための準備的段階の行為たるに過ぎない。果して然らば、本件名刺の交付は、被告人Nの職務に関係ある行為であるが、未だその職務執行行為に密接な関係のある行為ということはできない」と判示している点に、特色をもっている。すなわち、名刺の交付の目的とされた行為が、復金融資を受けるための準備的段階の行為にすぎなかったことに、職務執行と密接な関係のある行為の存在を否定する根拠がもとめられているのである。しかし、これだけの理由では不充分であり、副申書をもらって申請書類を整備することが、たんなる形式的性格の行為であり、復金融資と実質的に結びつく行為ではなかったことを、より明白にすべきであろう。なお、復金融資部長AにHを紹介した行為は、復金融資部長が農林大臣から独立した権限をもち、農林大臣は復金融資そのものについての権限をもたないのであるから、従来の判例の原則的態度から（前出八〇頁参照）。職務執行と密接な関係のある行為をみとめなかったのであろう。

つぎの判例【82】は、既設電話の移転工事等の処理・工事指令・現地調査等の権限を有する電報電話局施設課線路係長たる電気通信技官が電話売買の斡旋をすることは、その職務行為と関連性のある行為ではあっても、これと密接な関係のある行為とはいえないと解して、その点についての贈賄罪の成立をみとめることは妥当でないとした（ただし、電話移転工事の調査ならびに工事の謝礼として金員を交付した点については贈賄罪の成立をみとめており、原判決を破棄してはいない）。そして、このような結論をとる前提として、賄賂罪にいう「職務ニ関シ」とは、公務員の職務執行行為ばかりでなく、これと密接な関係のある行為に関するばあいを含むものと解すべきであるが、単にこれと関連性のある行為をも含むものと解すべきではないという理論を示している点に特色をもつ。

【82】（事実および第二審判旨）第一審は、被告人Xが、被告人Y（既設電話の移転工事等の処理、工事指令、現地調査等の権限を有する電報電話局施設課線路係長たる電気通信技官）に対し、Aを介して電話売買の周旋を依頼し、其の結果買取った電話をB方に移転工事可能か否かを非公式にYに調査させ、同人から可能なる旨の回答があったので、正式手続の上、工事に関しても同人の世話になることと考え、同人に右調査並びに工事の謝礼として現金五〇〇〇円を交付し以て公務員に対しその職務に関し賄賂を交付したという事実を認定した。

原審は、控訴趣意の事実誤認の主張をしりぞけたうえ、さらに、つぎのような判断を示した。「論旨は被告人はAを介しYに電話の売買斡旋を依頼しその謝礼として金五〇〇〇円をYに贈与したにすぎない旨主張しYの職務内容、証拠関係を云々するが凡そ贈賄罪は公務員の職務に関し賄賂を供与することにより成立するものであるところここに所謂その職務に関しとは当該公務員の本来の職務行為だけでなくその職務行為と密接な関係にある行為ないしその職務行為と関連性のある行為をも包含するものと解すべきであるから当時電気通信技官として伊丹電報電話施設線路係長の職にあって原判示のような職務権限を有していた原審相被告人Yが被告人の依頼にもとづき電話売買の斡旋をすることは本来の職務行為でないとしてもなおその職務行為と関連性のある行為と解するのを相当とすべく右斡旋行為に対する謝礼が賄賂となるべきは論を待たない。」（大阪高判昭三一・五・一四最判刑集一三・五・八三二所収）

（上告審判旨）「所論は、原審が賄賂罪における『職務ニ関シ』の意義について、『当該公務員の本来の職務行為だけでなくその職務行為と密接な関係にある行為ないしその職務行為と関連性のある行為をも包含するものと解すべきで』あるとし、『原審相被告人Yが被告人の依頼にもとずき電話売買の斡旋をすることは本来の職務行為でないとしてもなお、その職務行為と関連性のある行為と解するのを相当とすべく右斡旋行為に対する謝礼が賄賂となるべきは論を待たない』と判示したことを判例違反と主張するものである。

ところで、賄賂罪における公務員の『職務ニ関シ』とは、当該公務員の職務執行行為ばかりでなく、これと密接な関係のある行為に関する場合をも含むものと解すべきであることは、論旨引用の判例のほか、当裁判所がしばしば判示したとおりである(昭和二五年(れ)一三七〇号同二一年三月二八日第一小法廷判決、集一一巻三号一一三六頁、昭和二四年(れ)八五六号同二五年二月二八日第三小法廷判決、集四巻二号二六八頁、昭和二八年(あ)四三六一号同三〇年七月二〇日第二小法廷決定、裁判集一〇七号八〇三頁)。されば、原判決が前記のように職務行為と関連性のある行為をも包含するものと解したことは、その解釈やや広きに過ぎ、当裁判所の判例の趣旨にそわないきらいがあって妥当でない。けれども、原審の肯認した第一審判決の認定した事実によれば、第一審相被告人Yの電気通信技官としての職務には、既設電話の移転工事等の処理、工事指令、現地調査等の権限をも含んでいたのであるから、第一審判決の判示したように電話移転工事の調査並びに工事の謝礼として判示金員を被告人が右Yに交付した所為が贈賄罪を構成することはいうまでもない。それゆえ、原審の判断の一部に妥当を欠く点があるとしても、それは判決に影響を及ぼさないことが明らかであるから、原判決破棄の理由とはならない。」(最判昭三四・五・二六刑集一三・五・八一七〔研究〕三井明・法曹時報一一巻七号一二七頁)。

たしかに、電話売買の斡旋は、公務としての性格をもつ行為でもない。それゆえ、判旨の見解が生れたのであろう。

(三)　さらに、高等裁判所の判例としては、いわゆる昭和電工事件に関するつぎの判例【83】が注目に価する。この判例の事実は、国務大臣、外務大臣兼終戦連絡中央事務局総裁、特別調達庁の主務大臣であるAが、特定業者に対する政府の支払を促進するための紹介行為ならびに特定業者に対する特殊金融機関(日本興業銀行と復興金融金庫)からの融資を実現するための紹介行為に対する謝礼および今後も同様の尽力を得たい希望の趣旨を含めた政治資金として、現金百万円の供与を受け、これを受領した、というのである。この事実について、第一審裁判所は、Aの行為は戦時刑事特別法一八条ノ三に規定されていたいわゆる斡旋収賄罪には該当するが、同法が廃止されている以上、通常の贈収賄罪の処罰規定を拡張解釈して、斡旋収賄の行為まで律しようとすることは正しくないとして無罪の言渡しをした(東京地判昭二七・一〇・二三)。これに対する第二審判決は、特定業者に対する政府支払を促進するため大蔵大臣や戦災復興院総裁に特定業者を紹介することが国務大臣の職務にぞくしないこと、そしてまた右の行為が国務大臣の職務と密接な関係のある行為にもあたらないことを、詳細に判示している。

そして、第一審判決も第二審判決もAを無罪とした結論は同じであるが、閣議事項の範囲および国務大臣の個別的事項に関する閣議請求の権限についての考え方、さらに、Aの紹介行為の性格についての解釈には、両者の間にかなりの差異がある。

まず、第一審判決は、閣議事項について必要的閣議事項と任意的閣議事項とを区別し、任意的閣議事項は、とくに国の基本的施策、根本方針に関連しあるいは行政各部の統一を確保する必要のあるものに限定されるとし、したがって具体的個別的事項は原則として閣議事項とならないから、国務大臣は特定業者に対する政府支払の促進または融資等の個別的事項について、内閣の行政各部または特殊金融機関に対する指揮監督権を行使するために、閣議に発議し、審議、決定する権限を有しないとした。

これに対して、第二審判決は、閣議事項の範囲について、第一審判決のような必要的閣議事項と任意的閣議事項との区別をとらず、つぎに示すように、各国務大臣は、行政各部の分掌する事務についても、内閣全体として処理の方針を決するを相当とするばあいは、いかなる案件であっても、その裁量により、閣議を求め、閣議の審議決定に関与することができると解している。

【83】（1）「内閣は、憲法又は法律によって他の機関が内閣から独立して行う行政事務を除き、行政権の最高機関としてすべての行政事務を主宰し、下部行政機関を統轄するものであるから、内閣の職権の行使は、かかる内閣の使命達成のためになさるべきものである。従って憲法又は法律によって具体的に内閣の職権として定められているものについては、内閣自らこれを行うことを要するものであるから、各国務大臣は、これについて、閣議を求め、また、閣議における審議、決定に関与する職務権限を有することは、もとより論議の余地はないが、その他の各主任の大臣が管理する行政各部において分掌する行政事務についても、各国務大臣は、内閣全体としてその処理の方針を決するを相当とする場合において、閣議を求め、また、閣議における審議、決定に関与する職務権限を有するものといわなければならない。そして、この閣議にかけることの要否即ち右にいう内閣全体として処理の方針を決するを相当とするか否かの判断は、ひとえに、当該国務大臣の裁量に委ねられたものであって、国務大臣は、かかる行政各部が分掌するいかなる行政事務についても、内閣全体として処理の方針を決するのを相当とすると判断したときは、その主観的判断に基き、これについて、自由に閣議を求め、また、閣議における審議、決定に関与することができるものと解しなければならないのであって、客観的基準によってかかる国務大臣の裁量を制約すべきものと解することは許されないところである。内閣法第四条第三項が、『各大臣は、案件の如何を問わず、内閣総理大臣に提出して、閣議を求めることができる。』と規定しているのは、文理上、かかる趣旨を表わしたものと解せられるのであり、また、憲法第六十六条第三項は、『内閣は、行政権の行使について、国会に対し連帯して責任を負う。』と規定していて、内閣は、個々の大臣のいかなる行政上の行為についても、国会に対し連帯して責任を負う

ものであるから、国務大臣の職務権限について、右のように解すべきことは当然である。」

したがって、国務大臣の個別的事項に関する閣議請求の権限についても、第二審判決は、つぎに示すように、国務大臣は、行政各部の分掌する具体的個別的事項であっても、内閣全体として処理の方針を決するを相当とすると判断したときは、自由に閣議を求め、また、閣議における審議、決定に関与する権限を有するとしている。

（2）「具体的、個別的な事項であっても、内閣自身が直接これを行うべきことが憲法又は法律によって定められているものについては、疑問の余地はなく、行政各部が分掌する行政事務についても、内閣は、その処理の方針を定める職権を有するものであるから、その事務が具体的、個別的なものであっても、国務大臣は、内閣全体として処理の方針を決するを相当とすると判断したときは、その方針決定について、自由に、閣議を求め、また、閣議における審議、決定に関与する職務権限を有するものといわなければならない。」

ただしかし、第二審判決は、内閣法第六条の趣旨からいって、内閣が指揮監督権を発動するについてはまず閣議でその方針を決定し、この方針に基いて内閣総理大臣が内閣を代表してこの権限を行使するのであるから、特定業者に対する政府支払の促進について、主任の大臣でない国務大臣が、閣議を経ないで特定業者を直接に内閣の下部行政機関に紹介することは、国務大臣の職務に属しないとする（憲法・内閣法・国家行政組織法に関連する論点については、佐藤功・行政組織法一九七頁以下参照）。この点についての判旨は、つぎのとおりである。

（3）「憲法第七十三条第一号後段、第七十二条及び内閣法第六条によれば、……内閣は、行政各部を統轄するため、行政各部の分掌する行政事務について、これを指揮監督する職権を有するものであって、この職権は、内閣総理大臣が内閣を代表してこれを行うものであり、その方法は、閣議にかけて決定した方針に基いてなすものであることが明らかである。この点に関する個々の国務大臣の職務権限は、行政各部を指揮監督するための当該行政事務の処理方針を決する閣議を求め、また、かかる閣議における審議、決定に関与することにあるに過ぎない。従って、個々の国務大臣が、この内閣の行政各部に対する指揮監督の職権によって、特定業者に対する政府支払の促進を計ろうとするときは、当該特定業者に対する政府支払の促進の方針を決することについて閣議を求め、閣議においてこれを審議、決定せしめ、内閣を代表する内閣総理大臣により、右閣議で決定した方針に基いて、右政府支払の事務を担当する下部行政機関を指揮監督せしめるほかはないのであって、かかる閣議の審議もなされないのに、主任の大臣でもない国務大臣が、直接に、所管行政機関たる大蔵大臣や戦災復興院総裁に右特定業者を紹介することは、国務大臣の職務に属しないことは、いうまでもない。」

そしてまた、前述のような紹介行為が、国務大臣の職務と密接な関係のある行為ともいえないことを、第二審判決は、つぎのように判示する。

（4）「また、右の場合において、担当行政機関たる大蔵大臣や戦災復興院総裁は、内閣の下部行政機関ではあるが、右国務大臣の部下ではない。そして右のような主任の大臣でない国務大臣の単なる紹介行為は、第三者的立場において被紹介者たる特定業者に相手方たる担当行政機関に面接する機会を与えるためになされるものであって、右特定業者に右担当行政機関に陳情する糸口を得させるに止まるものであり、それ以上右特定業者に対する政府支払の促進に尽力する行為を含むものでもなく、右特定業者に対する政府支払の促進に関する指揮監督行為の実質を具えたものではないのはもとより、これに近いものということもできない。従って、右国務大臣が自ら直接に右担当行政機関に右のような紹介をなすことが、国務大臣の職務と密接な関係のある行為であるとも、解することができない。」

さらに、この判決は、主任または主務大臣でない国務大臣が特定業者に対する特殊金融機関からの融資を計るため特殊金融機関の役職員に特定業者を紹介することは国務大臣の職務にぞくしないこと、そしてまた右の行為が国務大臣の職務と密接な関係のある行為ともいえないことを、つぎのように判示している。

（5）「前記主務大臣ではなく、また、金融行政の主任の大臣でもない国務大臣が、特定業者に対する右特殊金融機関からの融資を計るため、右閣議の審議もなされないのに、自ら直接に、右特殊金融機関の役職員に右特定業者を紹介することは、(イ)(前掲(3)の部分―引用者註)において論じたと同様に、国務大臣の職務に属しないことは明らかである。また、右の場合において、右特殊金融機関は、内閣又は前記主務大臣の監督下にはあるが、右国務大臣の監督下にはない。そして、内閣又は右主務大臣の右特殊金融機関に対する監督権のうちに特定業者に対する融資の成立に関する指示を含むとは関係法令上解し得ないところである。右のような主務大臣でもなく、主任の大臣でもない国務大臣の単なる紹介行為は、被紹介者たる特定業者に相手方たる特殊金融機関の役職員に面接する機会を与えるためになされるものであって、右特定業者に右特殊金融機関との間に融資について折衝に入る糸口を得させるに止まるものであり、それ以上融資の成立について尽力する行為を含むものではなく、右特殊金融機関の融資の決定に影響を及ぼす性質のものとは解せられないから、右特定業者に対する融資に関する監督行為の実質を具えたものでないのはもとより、これに近いものということもできない。従って、右国務大臣が自ら直接に右特殊金融機関の役職員に右のような紹介をなすことが、国務大臣の職務と密接な関係のある行為であると解することができないことは、(イ)(前掲(4)の部分―引用者註)において論じたと同様である。」(東京高判昭三三・二・一一判例時報一三九号八頁以下「判決理由の要旨」より引用。この「判決理由の要旨」は、判決言渡当日、判決理由の朗読に代えて法廷で告知されたものである)。

この判決は、Aの各紹介行為は、下部行政機関でもない行政機関に陳情する糸口をあたえ、もしくは、監督下にもない特殊金融機関と折衝に入る糸口をあたえるにとどまり、それよりすすんで特定業者に対する政府支払の促進もしくは融資の成立について尽力する行為をふくんでいなかったとみとめている。したがって、Aの行為が、政府支払の促進に関する指揮監督行為の実質をもたないこと、また、融資に関する監督行為の実質をもたないことはいうまでもなく、さらに、これらの行為に近いということもできないと解している。判決のこのような判断の基礎には、Aの各紹介行為が、政府支払の促進もしくは特殊金融機関の融資の決定に影響を及ぼす性質のものではないという見解が存在している。そして、この判決は、指揮監督権をもたないAの本件のような紹介行為だけでは、実質的な斡旋とはいえないと解しているとみるべきであろう。したがって、たとえ斡旋収賄罪の立法がなされていたとしても（そして、その立法に、不正の行為をさせるために斡旋するという限定がなされていないとしても）、この判決は、第一審判決と異なって、Aの行為を斡旋収賄にあたるとみないのであろう。

四　賄賂の内容となりうる利益

一　判例の基本的態度

賄賂の内容となりうるものについて、判例は、有形・無形を問わず人の需要・欲望をみたすにたるいっさいの利益がふくまれると解している。したがって、金銭や物品のほかに、芸妓の演芸【84】・酒食の饗応【85】・金融の利益【86】・公私の職務その他有利な地位【95】・情交【96】など、すべて賄賂となりうるとされる。つぎの【84】【85】の判例は、この問題についての判例の基本的態度を示している。

芸妓の演芸

【84】「賄賂ノ目的物ハ其有形ナルト無形ナルトヲ問ハス苟モ人ノ需用若クハ其慾望ヲ充タスニ足ルヘキ

一切ノ利益ヲ包含スヘキモノナルヲ以テ原判決第二事実ノ一並ニ二ニ金若干円ニ相当スル飲食物等ヲ饗応シ云云ト判示セル飲食物等ノ費用中所論ノ如ク芸妓揚代若クハ其ノ演芸代等ヲ包含セリトスルモ芸妓ノ演芸ハ饗応ノ一部ニシテ人ノ慾望ヲ充タスノ目的タルニ外ナラサレハ原判決ハ所論ノ如キ何等違法ノ点ナク論旨ハ理由ナシ」(大判明四三・一二・一九刑録一六・二二三九)。

価額不明の酒食の饗応

【85】　「賄賂ノ目的ハ必スシモ財物ニ限ラス人ノ需要若クハ慾望ヲ満足セシムヘキ一切ノ有形的若クハ無形的ノ利益ヲ包含スヘキヲ以テ経済上ノ価額ヲ有スルコトヲ必要トセス而シテ賄賂ノ価格ヲ追徴ス可キ場合ハ其賄賂ノ目的カ経済上ノ価額ヲ有スルトキニ限ルモノト解スヘキヲ以テ刑法上追徴ノ規定存在スルカ故ニ賄賂ノ目的タルニハ必ス経済上ノ価額ヲ有セサルヘカラスト論断スヘキニ非ス原判決ニハ被告カ公務員タル職務ニ関シテ他人ヨリ十数回酒食ノ饗応ヲ受ケタル旨判示シアルヲ以テ被告ハ有体物タル飲食物即チ人ノ需要ヲ満足セシムヘキ有形的利益ヲ無償ニ収受シタル者ニ外ナラス而カモ其収受シタル利益カ経済上ノ価額ヲ有スルヤ固ヨリ論ヲ竢タス但原判決ハ価額ヲ精確ニ算定スルコト能ハサルヲ以テ特ニ価額不明ト説示シタルニ過キス固ヨリ賄賂ノ目的物ヲ以テ無価値ナリト判示シタル趣旨ニ非ス然ラハ原判決ハ上叙判示事実ヲ認メ之ヲ収賄罪ニ問擬シタルハ相当ニシテ賄賂ノ価額ヲ確定スルコト能ハサリシヲ以テ追徴ノ言渡ヲ為スヲ得サリシニ過キス之カ為メニ収賄罪ヲ認メタルノ妨ト為ルコトナケレハ本論旨ハ理由ナシ」(大判大三・一〇・三〇刑録二〇・一九八〇)。

二　学説の見解

判例のこのような見解に対して、学説の多くは、とくに異論を示していない(たとえば、勝本・刑法析義上巻明三三・八二二頁、大場・刑法各論下巻大七・六八五頁、牧野・日本刑法下巻昭一三・二六五頁、宮本・刑法大綱昭一〇・五二〇頁、木村・刑法各論昭三二、復刊版二九〇頁、滝川・刑法各論昭二六・二五五頁、団藤・刑法昭三〇・二五一頁、植松・刑法概論各論昭三四・六三頁等参照)。しかし、少数ではあるが、判例の見解について疑問をもつ学説もある。そこで、これらの学説を考察しよう。

まず、泉二博士は、「賄賂罪ノ規定ハ新律綱領改定律例ノ官吏受財条例ヨリ移伝シタルモノニシテ又現行法ノ文意ニ徴スルモ要求又ハ約束セラルル賄賂ハ結局収受セラレ得ルモノタルコトヲ要スルモノト解ス可ク従テ又収受セラレタル場合ニ於テ価格ヲ見積リ得ルモノタルヲ要スルカ故ニ賄賂ハ財物ニ限ルモノナリトス」(日本刑法論・各論 昭和四年・七〇頁)という見解をとられたようである。この見解をとられたからこそ、通説と異なって、賄賂のうちに「労力又ハ淫行上ノ快楽ヲ含有スルヤ否ヤ疑問ナリ」(前掲四 六九頁)と主張されたのであろう。

さらに、賄賂は有形的もしくは物質的利益であることを必要とするという見解が、主張された。しかし、この説の主張者は、いずれも、金銭に見積り得ることは必要でないと解したので、これまで判例にあらわれた事案については、判例とおなじ結論になる。たとえば、岡田朝太郎博士は、「金銭ニ見積ルコトヲ得サル労力ノ類ト雖モ若シ其モノニシテ有形的ノモノナレハ」賄賂のうちにふくまれると解され、「金銭ニ見積ルコトヲ得サル有形的労力トハ例ヘハ聴許ヲ条件トシテ人ノ妾ト為ルコトヲ諾スルカ如キ場合ヲ想像スレハ其妾ト為ルコトハ即チ之ニ該当スルナランカ」とされた(刑法講義 一九七頁)。また、小疇伝氏は、『賄賂』トハ職務上ノ行為ニ対スル(報酬タル)不法ノ利益ヲ謂ヒ金銭ニ見積リ得ヘキモノタルト否トヲ問ハス苟クモ有形的ノモノタル以上ハ仮令一時的ノ利益ト雖トモ之ヲ包含ス例ヘハ交接ノ許容又ハ饗応ノ類是レナリ」と主張された(日本刑法論各論・明三九・五四一頁)。さらに、新保勘解人氏は、「賄賂トハ職務ニ関シ授受サルヘキ不正ナル物質的ノ利益(Vorteil materieller Art)ヲ言フ」(日本刑法要論 各論二九五頁)「単純ナル精神的ノ利益ハ賄賂トシテ之ヲ禁スルノ必要ナケレハナリ」(前掲二 九六頁)とする。しかしまた、【84】【85】等の判例の表現は「精神的利益ノ如キモ賄賂ノ中ニ包含スルモノト為シタルカ如キ疑アレトモ各事案ニ付調査スルトキハ何レモ物質的有形的ノ利益ノ授受ニ係ルモノニシテ是等ノ判例ヲ以テ直ニ精神的ノ利益ヲモ賄賂ト認メタルモノナリト解スルコトヲ得サルヲ注意スヘシ」(前掲二九六頁)と指摘された。そしてさらに「物質的利益ハ広ク之ヲ包含スルヲ以テ必スシモ財物(動産不動産ヲ包含ス)若クハ金銭ニ見積リ得ヘキ利益ナルコトヲ要セス。故ニ例ヘハ性交ヲ許容スルカ如キ又ハ一定ノ地位ヲ供与スルカ如キ亦賄賂ノ目的物トナルコトヲ得ルモノト解スルヲ正当トス」(前掲二九六頁)と主張されたのである。

最近の学説のうちでは、小野博士が賄賂は、「必ずしも財産的価値のあるものに限らず、人の欲望又は需要を充たすものであればよいとされてゐるが、全く金銭に見積ることのできないものが賄賂となり得るかは疑問である」とされる(刑法概論昭三一・二一三頁　博士は、このように述べられたのち、後掲【95】【96】の判例をあげておられるが、この二つの判例に疑問をもたれるのではなかろうか。)。

ドイツにおいても、判例・通説は、わが国の判例・通説とおなじように、いっさいの利益が賄賂の内容となりうると解している(Vgl. Liszt-Schmidt, Lehrbuch, 25. Aufl., S. 807 Anm. 13; Sauer, System des Strafrechts, Besonderer Teil, S. 516; Maurach, Deutsches Strafrecht, Besonderer Teil, 2. Aufl., S. 621; Welzel, Das deutsche Strafrecht, 6. Aufl., S. 441; Schönke-Schröder, 9. aufl., S. 1167; Leipziger Kommentar, 8. Aufl., S. 684 本書は従来の見解、すなわちビンディング、フランク等と同一の見解を、八版において変更した。)。したがって、ドイツの判例も、異性間の情交(RGSt. 9, 167; 64, 291)が賄賂となりうることをみとめ、さらに名誉心・虚栄心を満足させること(RGSt. 77, 78)も賄賂となるとしている。しかし、このような見解に異論を示す学説も存在する。たとえば、ビンディングは、つぎのようにいう。「法律的ならびに経済的意味におけるすべての贈物とすべての財産増加・職務上の地位の昇進のように金銭に見積りうるすべての援助・さらにすすんで権利のもとになる事実のあらゆる増大と義務のもとになる事実のあらゆる減少が、賄賂の内容となる。しかし、わたくしの見解によれば、それよりもさらにすすむならば犯罪概念をこえる結果になる。一時的な感覚的享楽は利益ではない。猥褻行為をゆるすこと・接吻・花のかおりをかがせること・純粋に美的な欲求を満足させること・虚栄心を満足させることは、贈賄行為の手段としては適当でない」(Lehrb. 2 Bd., S. 720)。フランクも、利益の概念を「法的もしくは経済的状態を客観的にはかりうるように改善すること」(Das Strafgesetzbuch für das Deutsche Reich, 18. Aufl., S. 131 ビンデングも、この見解に賛成する a. a. O., S. 720, Anm. 8)と把握し、異性間の情交のような一時的享楽を賄賂の内容とすることに疑問を示した(a. a. O., S. 131)。

このような異説があるにもかかわらず、わが国の判例、通説の見解は正しいとみるべきであろう。賄賂罪の規定の立法趣旨からみても、また、法文の文言からみても、賄賂の内容となりうる利益について、異説が主張するような限定を設ける必要はないからである。

三　具体的事例

つぎに、判例がとりあげている具体的事例について考察しよう。

(一)　金融上の便宜・債務の弁済　賄賂の内容となる利益は、金銭・物品その他の財産上の利益であることが多い。しかし、その財産上の利益の供与は、かならずしも、金銭・物品等を現実に交付することには限定されない。金融上の便宜を図ること・債務を弁済してやることなども、財産上の利益として賄賂の内容となりうる。つぎの諸判例は、このことを判示している。

金融の利益

【86】「金銭ノ消費貸借ニ於テハ借主ハ其金銭ヲ消費スル権利ヲ得ルモノナルヲ以テ縦令無利子無期限等

特別ノ事情存セサルモ金融ノ利益ヲ得ルモノト云フヘク其利益ハ賄賂ノ目的タルコトヲ得ルヤ勿論ナルカ故ニ」(大判大七・一一・二七刑録二四・一四三八)。

金融の利益

【87】　「賄賂ノ物体ハ人ノ需用若ハ慾望ヲ充タスニ足ルヘキ一切ノ利益ヲ包含スルモノナレハ金銭ノ消費貸借契約ニ於テハ借主ハ其ノ金銭ヲ消費スル権利ヲ得ルモノニシテ即チ経済上金融ノ利益ヲ受クルモノト謂フヘク此ノ利益ハ右契約ノ目的物タル金銭自体ト別個ノ観察ニ於テ賄賂ノ目的タル可能性ヲ有スルコト復論ヲ俟タス故ニ苟モ職務ニ関シテ消費貸借契約ニ因リ金融ノ利益ヲ得ルニ於テハ該契約ノ完全ニ成立セサル場合ハ勿論其ノ成立シタル場合ト雖均シク賄賂罪ヲ構成スルモノトス」(大判大一四・四・九刑集四・二一九)。

保証または担保の提供

【88】　「被告人Xカ……被告人Yノ為判示芸備銀行ニ対シ保証ヲ為シ又ハ担保ヲ供シ以テ被告人Yカ同銀行宛ニ振出シタル約束手形ニ因リ同人ヲシテ容易ニ同銀行ヨリ金借スルコトヲ得セシメタルカ如キハ被告人Yカ被告人Xノ保証又ハ担保提供ニ因リ他ヨリ金借スルコトヲ得タル利益即被告人Yノ慾求ヲ充タスニ足ルヘキ利益ヲ同被告人ニ与ヘタルモノト云フヘク斯ル利益モ亦賄賂タル適性ヲ有スルコト疑ヲ容ルルノ余地ナキナリ従テ被告人Xカ山口県会議長タル被告人Yノ職務ニ関シ不正ニ右ノ如キ利益ヲ同被告人ニ供与スルニ於テハ固ヨリ贈賄罪ヲ構成スヘク…」(大判昭一一・一〇・三刑集一五・一三二八)。

債務の弁済

【89】　「債務者カ其ノ債務ニ付第三者ニ依ル弁済ヲ受クルトキハ特定ノ債権者ニ対スル債務関係ヲ免カルル利益ハ弁済者タル第三者カ債務者ニ対シ求償権ヲ有スルト否トニ拘ラス賄賂ノ目的タルコトヲ得ルモノトスサレハ被告Xニ代リAカBニ対シ債務ノ弁済ヲ為シタルトキハ被告Xハ之ニ因リBニ対スル債務関係ヲ免ルル利益ヲ受ケタルモノナルヲ以テ右Aカ被告Xニ対シ求償権ヲ有スルヤ否ヤニ付判示スル所ナキモ賄賂罪ノ成立ニ関スル事実上ノ理由不備アリト称スルコトヲ得サルモノトス従テ被告Yカ原判決ノ如ク被告Xノ債

務ノ弁済ヲ右Aニ対シ要求シタル行為モ亦賄賂ヲ要求シタルモノトシテ処断セラルルコト当然ナリト謂フヘク原判決カ被告X及Yニ対シ刑法第百九十七条ヲ適用シ処断シタルハ相当ニシテ原判決ニハ所論ノ如ク理由不備又ハ擬律錯誤ノ違法アリト論スルコトヲ得ス」(大判大一四・五・七刑集四・二六六)。

(二)　不確定の利益　賄賂の内容としての財産上の利益は、かならずしも確定的もしくは永続的内容をもつことを必要としない。その実現が将来の不定な条件によって左右されるかもしれないばあいにも、実現の可能性が予想されるならば、賄賂となりうる。判例は、つぎのような事案をとりあげている。

投機的事業に参与する機会

【90】「賄賂タル利益ハ必スシモ確定的若クハ永続的ナルヲ要セス単ニ一時的ニ人ノ慾求ヲ満足セシムルニ足ルモノモ亦之ヲ公務員ノ職務ニ関スル報酬トシテ均シク賄賂ノ目的トナスコトヲ得ルモノトス而シテ投機的ノ事業亦普通人ノ往々試ミンコトヲ欲スル所ニシテ縦シヤ確定的現実的ノ利得ヲ収ムル能ハサル場合アルヘキニモセヨ之レニ与ツカル機会ヲ得ルコトハ則チ人ノ慾求ヲ充タスニ足ル利益ナルコト洵ニ明白ナルヲ以テ縦シヤ造船工事カ所論ノ如ク投機的ノモノニシテ損失ノ危険ヲ伴フ虞アリトスルモ為メニ賄賂性ヲ有スル能ハサルモノト謂フヲ得サルノミナラス…」(大判大九・一二・一〇刑録二六・九四九)。

就職の斡旋尽力—条件付の将来の利益

【91】「人ノ需要若ハ慾望ヲ満スニ足ルヘキ有形無形一切ノ利益ハ経済上ノ価格ヲ有スルト否トヲ問ハス賄賂タルノ適性ヲ有スルモノトス此ノ故ニ其ノ利益カ確定的ナルトキハ勿論縦令其ノ発生カ条件ニ繫ルトキト雖絶対不能ニ非サル限リ苟モ人ノ需要若クハ慾望ヲ満スニ足ルモノナル以上ハ之ヲ不法ノ報酬トシテ公務員ニ提供スルニ於テハ其ノ行為ハ刑法第百九十八条第一項ノ賄賂提供罪ヲ構成スルモノト謂ハサルヘカラス原判決(一)ノ判旨ニ依レハ被告ハ徳島県美馬郡岩倉村助役ナルトコロ同村長ノ改選ニ際シAノ再選ヲ企図シ

大正十三年十二月十五日反対派ニ属スル同村会議員Bニ対シ来ルヘキ村長選挙ノ際ハAニ投票シ呉ルルナラハ当時美馬郡役所吏員ナルBノ息Cカ郡役所廃止ニ依リ失職セハ被告ハ其ノ職ヲ辞シCヲ其ノ後任者タラシムヘク尽力スヘキ旨申入レタルモノニシテ之ニ依レハ被告ノ判示村会議員Bニ対シ申シ入レタル事実ハBノ息Cカ判示郡役所廃止ニ因リ失職セハ被告ハ自ラ其ノ助役タル職ヲ退キCヲシテ之カ後任者タラシムヘク尽力スヘシト云フニ在リテ郡役所ノ廃止ハ絶対ニ発生セサル事実ニ非ス且被告ノ為サントスル行為ハ其ノ性質上絶対不能ニ非サルハ勿論郡役所吏員ニ対シ其ノ職ヲ失ヒタル暁村助役ノ職ヲ得ルコトニ尽力セントスルカ如キハ社会ノ通念ニ照シ人ノ慾望ヲ満足セシムルニ適スルモノト認ムルヲ相当トナスカ故ニ叙上判示被告ノ行為ハ賄賂提供罪ヲ構成スルコト明ナレハ……」（大判大一四・六・五刑集四・三七二）。

金額・履行期の未確定の謝礼

【92】「官吏タル被告人Xカ其ノ職務ニ関シ相当金銭上ノ謝礼ヲ約束シタル以上賄賂約束罪ヲ構成スヘキコト勿論ニシテ其ノ金額及履行期ノ確定セサルコトハ同罪ノ成立ヲ妨クルモノニ非ス」（大判昭七・七・一刑集一一・九九九）。

将来設立されるべき会社の株式

【93】「原判示第三事実及之ニ対スル証拠説明ニ依レハ原判決被告人XYZ等ハ敷設免許ノ暁設立セラルヘキ山手急行電鉄株式会社ノ株ニ相当プレミアムノ附クヘキコトヲ予想シテ免許以前未タ株式ノ存在セサル時期ニ於テXYハ共謀ノ上公務員タルZニ対シ其ノ職務ニ関シ後日右会社ノ株ヲ供与スヘキコトヲ約束シタル事実ヲ認定シタルモノナレハ該行為ハ賄賂約束罪ヲ構成スルモノトス蓋シ賄賂収受罪又ハ同交付罪ノ成立スルニハ現実利益ノ授受ヲ必要トスレトモ賄賂約束罪ハ之ト異リ単ニ後日利益ヲ授受スヘキコトヲ約束スルニ因リテ成立スルモノナレハ其ノ約束セラルル利益ハ必スシモ約束ノ時ニ於テ現存スルコトヲ要セス唯約束ノ時ニ於テ後日供与セラルヘキ利益ヲ予期シ得ルヲ以テ足ルト為スヘク右原判決認定ノ事実ニ依レハ被告人等ハ此ノ利益ヲ予期シタルコト明ナレハナリ」（大判昭七・七・一刑集一一・九九九）。

第三者の承諾を条件とする利益

【94】「苟モ普通人ノ需要若クハ欲望ヲ充タスニ足ルヘキ一切ノ利益ハ賄賂タルノ適性ヲ有スルコト本院判例ノ存スルトコロニシテ即チ賄賂タル利益ハ必スシモ確定的ナルコトヲ要セス其ノ需要欲望ヲ充タスト否トカ第三者ノ意思ニ係リ其ノ者ノ承諾ナクシテハ其ノ実現ヲ見ルコト能ハサル場合ニ於テモ其ノ第三者ニ於テ其ノ供与ヲ為スヘキコトカ期待シ得ラルルニ於テハ其ノ機会ニ与ルコトハ即チ人ノ欲望ヲ充タスニ足ルヘキ利益ナリト謂フヘク之ヲ以テ賄賂タル適性ナシト謂フヘカラス又賄賂ノ提供ハ賄賂タルヘキ利益ノ収受ヲ促ス行為ナレハ其ノ相手方ニ於テ収受シ得ヘキ状態ニ於テ之ヲ促スヲ以テ足リ従テ其利益ノ多寡及現実供与ノ時期カ相手方ノ意思ニ依リテ決定セラルヘキコトハ固ヨリ何等賄賂ノ提供タルコト妨ケサルモノトス原判決ノ確定セルトコロニ依レハ本件ニ於テ被告人カAニ対シ提供セル利益ハ千円ヤ二千円ノ金員ハ何時ニテモ融通シ遣ハスヘキコト及昭和八年七月施行ノ岡山市会議員選挙ノ際ニBヲシテ陣中見舞トシテ金員ヲ供与セシムヘキコトニ在リテ後段ノ利益ハBノ供与スルトコロニ係リ被告人ハ之ヲ斡旋スヘキ労ヲ執ルニ過キスシテBニ於テ果シテ所要ノ金員ヲ供与スヘキヤ否必スシモ明ナラスト雖原判決ノ前段ニ於テ認定セルトコロニ依レハ被告人ハBノ妻ノ姉婿タル友人Cノ依頼ヲ受ケ之ニ基キ右ノ言動ニ及ヒタルモノナルカ故ニ被告人ニ於テハBカ右金員ノ供与ヲ承諾スルコトヲ期待シ得ヘキ状態ニ在リシト謂フヘク従テ斯ル状態ノ下ニ其ノ斡旋ヲ約スルコトハ実現性ナキ利益ノ供与ト云フヘキニアラスシテ被告人ノ行為ハ賄賂ノ提供タルヲ失ハス」(大判昭八・一一・二〇刑集一二・二〇九)。

【94】と同趣旨の判例として、大判昭九・六・一二刑集一三・七三八、大判昭一四・三・一七刑集一八・一三八がある。

(三)　非財産的利益　賄賂の通常の形態は金銭・物品その他の財産的利益である。しかし、判例によれば、財産的利益であることは賄賂の要件ではなく、人の慾望を満足させるに足るものであれば、芸妓の演芸【84】、酒食の饗応【85】等も賄賂となりうる。さらに判例は、つぎに示すように、公私の職務その他有利な地位【95】・異性間の情交【96】等も賄賂となることをみとめている。

公私の職務その他有利な地位

【95】「原判決第二事実ハ上告人ハ看守ニ対シ後日月収二三十円位ヲ得ヘキ職ヲ周旋シ与フヘキ旨ヲ約シタリト云フニ在リ……刑法第百九十八条ニ所謂賄賂ハ有形的ナルト将タ無形的ナルトヲ問ハス人ノ需要若クハ慾望ヲ満足セシムヘキ一切ノ利益ヲ包含スルモノニシテ公私ノ職務其他有利ナル地位ノ如キハ人ノ慾望ヲ満足セシムヘキ利益ニ外ナラサルヲ以テ他人ニ対シテ一定ノ地位ヲ供与スヘキ旨ヲ約束シタル行為ハ同条ニ所謂賄賂ノ約束ニ該当スト謂ハサルヘカラス」(大判大四・六・一刑録二一・七〇三)。

異性間の情交

【96】「賄賂ノ目的物ハ苟モ人ノ需要若クハ欲望ヲ充スノ目的タルモノハ有形ナルト無形ナルトヲ分タス総テ之ヲ包含スルモノト解スヘキコトハ夙ニ当院ノ判示スル所ニシテ之ヲ飜スヘキ理由アルヲ認メス刑法第百九十七条第二項ハ同第一項ノ賄賂ノ目的物ノ範囲ヲ限定スルモノニアラス而シテ異性間ノ情交ノ如キモ亦普通人ノ欲望ヲ充スヘキ目的タルモノナルヲ以テ原判決カ被告ニ於テ広島警察署司法主任警部トシテ同署ニ於テ窃盗現行犯人Xヲ取調フル際情交ヲ承諾スレハ釈放スヘク然ラサレハ監獄ニ送ルヘシト告ケテ情交ヲ要求シ之ヲ承諾セシメテ同人ト通シタリトノ事実ヲ判定シ之ヲ刑法第百九十七条第一項前段ニ問擬シタルハ正当ナリ」(大判大四・七・九刑録二一・九九〇)。

【96】の判例については、すでに示したように(前出一一九頁参照)、疑問をもつ学説がある。この疑問は、賄賂の内容となりうる利益について判例と異なる見解をとる立場から生れたものである。ところが、その点について判例と同じ見解をとられる美濃部博士も、つぎのように述べておられる。是れは(【96】の判例—引用者註)甚だ疑問で、暴力を以ってしたのではないとしても、権力を濫用して強要したのであるから、寧ろ刑法第一七七条の罪を以って処断すべきものでなかろうかと思う。若しこれを以って収賄罪を構成する

ものとすれば、其の相手方たる女子の行為は贈賄罪を構成するものと為さねばならぬが、それは事理に適しないものと思われる。唯其の相手方たる女子が自由意思に依り進んでこれを提供したものと認定せらるる場合にのみ、判旨正当と為すべきであろう」(同・公務員賄賂罪の研究九七頁)。このように、博士は、情交が賄賂の内容となりうることはみとめながらも、【96】の判例については疑問の余地があるとされるのである。

(四) そのほか、つぎの最高裁判所判例は、賍物も賄賂となりうると判示している。

【97】「刑法第百九十七条の罪が成立する為めには公務員が収受した金品が賍物であっても差支えない(賍物と知りながら収受した場合は収賄罪と賍物収受罪との二罪が成立するわけである)。(大審院明治四十四年(れ)三四九号同年三月三十日言渡判決参照)されば本件に於て被告人が原審相被告人Xに其職務上不正行為に対する謝礼として交付した金員が仮令所論のように賍物であったとしても之が為めに贈賄罪の成立に少しも影響を及ぼすことはない」(最判昭二三・三・一六刑集二・三・二三二〔研究〕団藤重光・刑評八巻一三七頁)。

賍物も人の需要・慾望をみたすにたる利益であり、それを賄賂の目的物として用いれば職務の公正を害するから、判旨は正当である。ただ、本件の上告論旨は、詐欺によって得た物を賄賂として供与することは、賍物の処分行為であって、不可罰的事後行為であると主張したのであって、賍物が賄賂の目的物となりえないと主張したのではなかった。この判決は、この上告論旨に対し、正面から答えることなく、交付した金品が賍物であっても贈賄罪の成立に影響がないという結論を示すための理由として、すでに引用したように判示したのである。詐欺によって得た物を賄賂として供与することは、詐欺罪の構成要件の予想する範囲をこえており、不可罰的事後行為とはいえない。したがって、判旨の結論は妥当である（団藤・前掲二三八頁参照）。

五　社交的儀礼と賄賂

一　判例の見解

中元・歳暮など社交上の儀礼としての贈物と賄賂との限界については、問題がある。この点について、判例に二つの系列がある。

（一）(1)　まず、つぎの判例【98】は、公務員の職務に関係がなかったならば社交上の儀礼とみとめられる程度の贈物も、公務員の職務に関して授受されるかぎり、賄賂となると解している。

【98】（上告理由）「賄賂罪ヲ認ムルハ公務員カ其ノ職務ニ関シテ他人ヨリ不正ノ利益ヲ受ケ為ニ其ノ公務執行ノ公正ヲ失スルコトアルヘキヲ防止センカ為ナルコト茲ニ多言ヲ要セサル処ナリサレハ右ノ如キ趣旨ヲ包含セサル贈答ニ付テハ賄賂罪ノ成立ヲ認ムヘキ限リニアラス公務員モ社交上ノ人ナリ社会一般ノ儀礼ニ従ヒ身分相応ノ贈物ヲ受ケ又ハ此ノ人ニ対シテ右ノ如キ贈物ヲ為シタリトテ直ニ賄賂罪ヲ以テ論セラルヘキ理由ナキモノナリ以上本件贈物ノ当事者ノ地位身分其ノ時期価格其ノ他諸般ノ事情ニ照シ翫フルニ本件贈与ハ全ク商人タル大阪電球株式会社ヨリ社交上ノ儀礼ニ従ヒ其ノ得意先関係者ナル判示ノ人々ニ贈ラレタル純然タル中元歳暮ノ贈物タルニ過キスシテ全ク賄賂タルノ性質ヲ有セサルモノナリトス」

（判旨）「若シ公務員ノ職務ニ関係ナカリセハ中元歳暮ニ於ケル社交上ノ慣習儀礼ト認メラルヘキ程度ノ贈物ト雖苟モ公務員ノ職務ニ関シ授受セラルル以上ハ賄賂罪ノ成立スルコト勿論ニシテ其ノ額ノ多少公務員ノ社交上ノ地位若ハ時期ノ如何ヲ理由トシテ公務員ノ私的生活ニ関スル社交上ノ儀礼ニ依ル贈答タルニ止マ

ルモノト認メサルヘカラサル理由アルコトナシ」（大判昭四・一二・四刑集八・一二・六〇九）。

右の判例は、贈物が職務にかんしてなされるかぎり公務員の私的生活に関する社交上の儀礼としての贈答という問題は提起される余地がないと解しているようである。すなわち、「職務ニ関シ授受セラルル」ことと「社交上ノ儀礼ニ依ル贈答」とは、両立することができないという考え方にもとづいているといえよう（谷口・「賄賂罪について」判タ一八号参照）。

つぎの判例【99】も、【98】と同一の系列にぞくしている。この判例は、職務行為に対する報償もしくは請託の趣旨をともなうときはたとえ中元歳暮その他の社交的儀礼の形式をもちいても賄賂となると解している。なお、この判例が「職務行為ニ対スル報償若ハ請託ノ趣旨ヲ伴フ」か否かにの事実認定について推定を認めるような表現をしている点にも、注目すべきであろう（谷口・前掲二一頁参照）。

【99】「苟モ公務員又ハ仲裁人ニ対シ其ノ職務上利害関係ヲ有スル者ヨリ金品其ノ他ノ利益ノ供与アリタル場合ニ於テハ其ノ反面ニ於テ職務行為ニ対スル報償若ハ請託ノ趣旨ヲ伴フコト最モ多ク存スル事例ニシテ斯ル趣意ノ下ニ供与セラレタル金品其ノ他ノ利益ハ縦令形式ニ於テ中元歳暮其ノ他社交的儀礼ト目セラレ得ヘキモ其ノ実質ニ於テハ賄賂タルノ性質ヲ失ハサルモノトス」（大判昭一〇・六・一八刑集一四・六九九）。

さらに、つぎの【100】【101】の判例も、【98】【99】と同じ系列にぞくする。【100】は、特別の依頼を受けた事案にかんするものであるが、社交的儀礼の範囲内であることが行為の違法性を阻却するかという問題にふれている。しかし、この判例は、上告論旨に答えてその点に簡単に言及したにすぎないから、構成要件該当性と違法性とを意識的に区別して判示しているか否かは、あきらかでない。

【100】「苟モ公務員其ノ職務ニ関シ特別ノ依頼ヲ受ケ之ニ対スル謝礼又ハ報酬ヲ受クルカ如キハ其ノ行為自体公務員トシテノ職務上ノ地位ト相容レサルモノニシテ職務執行ノ公正ヲ疑ハルヘキ事情存在シ刑法カ瀆職罪ノ規定ヲ設ケテ禁遏セムトセル法益ヲ侵害スルモノト云ハサルヲ得ス従テ斯カル場合ニ在リテハ金品授受者ノ身分地位或ハ慣習ノ存否ノ如キハ之ヲ参酌スルコトナク金品ノ種類多寡ノ如何ヲ論セス瀆職罪ヲ構成スルモノト断セサルヘカラス果シテ然ラハ一般社交上ノ慣習乃至儀礼ヲ云為シテ本件行為ノ違法性ヲ阻却スヘキモノナリト為ス論旨ノ理由ナキコト自ラ明ナルヘシ」(大判昭一〇・八・一七刑集一四・八八五)。

【101】「官公立学校ノ教授ニ対シ子弟ヨリ為ス財物ノ贈答ハ純然タル儀礼ノ範囲ヲ超越セサル限リ固ヨリ咎ムヘキニ非ス寧ロ恩師ニ対スル敬慕ノ念ノ発露トシテ尊重スヘキコト我国古来ノ教訓ニシテ今仍ホ淳風美俗トシテ遵守セラルル所ナリ然レトモ他方ニ於テ法律ハ公務員タル教授ノ職務ニ関シ財物ヲ交付スルコトヲ禁セルハ畢竟公務執行ノ公正ヲ害スル虞アルニ外ナラス即刑法第百九十七条ハ職務ノ公正ヲ維持スル為遍ク法ノ虞ルル弊害ヲ杜絶スルノ目的ヲ以テ規定セラレタルモノナリ而シテ職務ニ関スルヤ将タ儀礼的ニ属スルヤ時ニ区別シ難キコトナキニ非スト雖諸般ノ事情ニヨリ事実承審官ノ認定スヘキ事実問題ナリトス故ニ高等学校ノ入学選抜試験ニ関与シ出題及採点ノ職ニ従事セル者カ入学志望者ニ対シ予メ補習教導ヲ為スカ如キハ校則ノ禁止アルト否トニ拘ラス堅ク回避スヘキモノナルコト絮説ヲ要セス又入学試験ニ際シ問題ヲ漏洩シ其ノ対価トシテ財物ノ交付ヲ受クルカ如キハ補習教導ノ関係アルト否トニ拘ラス収賄罪タルト共ニ入学後モ其ノ行掛上引続キ逐年担任指導ヲ為シタリトシテ盆暮ノ季節ニ財物ノ交付ヲ受クルカ如キハ已ニ業ニ儀礼ノ範囲ヲ超越シタルモノト解スヘキモノトス蓋教職ニ在ル者カ子弟ヨリ財物ノ交付ヲ受クルトキハ人情ノ弱点トシテ自由公正ノ判断ヲ誤リ法ノ虞ルル弊害ハ往々端睨スヘカラサル機微ノ間ニ発生スレハナリ原判決第一ノ(ロ)第二ノ(ロ)及第四ノ(ロ)ノ事実ハ之ヲ要スルニ被告人ハ大阪府立浪速高等学校教授ヲ奉職シ高等科ノ入学選抜試験ニ関与シ数学試験問題ノ作成(其ノ出題及選定)及採点ノ職務ニ従事シ居リタルモノナルトコロ入学志望者ノ母又ハ知人ヨリ請託ヲ受ケ何レモ数学試験問題及其ノ解答ヲ教示シ夫々現金又ハ商品券ノ交付ヲ

受ケタル後引続キ在学中担任並数学教授トシテ指導ヲ受ケ度旨ノ請託ノ趣旨ニテ供与セラルルノ情ヲ諒知シ乍ラ商品券十六枚此ノ価格合計百六十五円ノ交付ヲ受ケタリト云フニ在ルヲ以テ儀礼的範囲ヲ超越シ収賄罪ニ当ルコト洵ニ明ナリ」（大判昭一三・二・二五刑集一七・一一〇〔研究〕滝川幸辰・公法雑誌四巻一〇号、竹田直平・法と経済九巻六号、吉田常次郎・刑事法判例研究二四八頁、登石登・刑評一巻四三頁）。

右の判例【101】は、「職務ニ関スルヤ将タ儀礼的ニ属スルヤ」は「諸般ノ事情ニヨリ事実承審官ノ認定スヘキ事実問題ナリ」としている。これは、職務に関する贈物と社交的儀礼としての贈物とは両立しえないという立場を示すものといえよう。この判例が、教授に対し子弟よりなす財物の贈答は、純然たる儀礼の範囲をこえない限り、咎むべきことではないとしているのは、教授の職務行為に対する対価としての意思からではなく、その人格そのものに対する敬慕の念から贈物がなされたばあいについてのことを意味しているのであろう（後出一一三八頁参照）。

(2)　ところで、つぎに示す判例は、いずれも、具体的事案については収賄罪の成立をみとめているが、抽象的には、社交的儀礼の範囲にぞくする贈物は、職務に関するものであっても、賄賂ではないという見解をとるようである。

【102】「明治四十四年内務省令第十六号市町村吏員服務紀律第四条第二項ノ『市町村吏員ハ指揮監督者ノ許可ヲ受クルニ非サレハ其ノ職務ニ関シ直接ト間接トヲ問ハス自己若ハ其ノ他ノ者ノ為ニ贈与其ノ他ノ利益ヲ受クルコトヲ得ス』トノ規定ハ其ノ受クル利益カ社会通念ニ照シ一般ノ社交的儀礼トシテ目セラルル範囲ニ属スル部類ノモノナリトモ其ノ利益ニシテ職務ニ関スル限リ指揮監督者ノ許可ヲ条件トシテ之ヲ受クルコトヲ許容シタルモノナリト解スルヲ相当トス蓋シ公務員カ其ノ職務ニ関シ他人ヨリ生活上ノ慾望ヲ満足セシムルニ足ル利益ヲ受クルモ其ノ利益ニシテ社交的儀礼ノ範囲ヲ出テサル部類ノモノナルトキハ之ヲ目シテ賄

賂ナリト云フヘカラサルモ服務紀律ノ関係ヨリスレハ之カ授受ヲ忽諸ニ附スヘカラサルモノアルカ故ニ前記服務紀律ハ仮令斯ル儀礼的利益ニシテ賄賂ト云ヒ得サルモノナリトモ之ヲ受クルニ当リテハ指揮監督者ノ許可ヲ要スルモノトシタルニ外ナラサルヘケレハナリ従テ受クル利益カ社交的儀礼ノ範囲ニ属セサルモノナルトキハ即チ賄賂ナレハ指揮監督者ト雖之カ授受ヲ許可シ得サル筋合ニシテ若シ誤テ之ヲ許可シタリトセムモ何等ノ効力ナキモノト云ハサルヘカラス而シテ本件ニ於テ被告人Xカ原判示第一（八）ノ如ク判示村ノ助役トシテ其ノ職務上取扱ヒタル特売処分許可申請ニ関シ報酬ノ趣旨ノ下ニ岡本部落代表委員A等ヨリ金三千円ノ贈与ヲ受ケタルハ一般ノ社交的儀礼ニ属スルモノト目スヘカラサルコト勿論ニシテ前記服務紀律ノ規定ノ適用ヲ受クルニ由ナキモノナレハ仮令其ノ贈与ヲ受クルニ付指揮監督者タル村長ノ許可ヲ得タリトスルモ何等ノ効力ナク結局其ノ所為賄賂罪ヲ構成スヘキコト判示ノ如クナリト云ハサルヲ得ス」（大判昭五・七・二九刑集九・五九八）。

【103】「按スルニ公務員カ其職務執行ノ公正ヲ疑ハシメサル利益ヲ収受スルモ収賄罪ヲ構成スヘキニ非スト雖原判決カ証拠ニ依リテ認定シタル事実ニ従ヘハ被告人Xハ札幌市技手トシテ判示ノ職務ニ従事中同市ノ指名入札者トシテ永年ニ亘リ下水道其ノ他土木工事用コンクリート製品ヲ納入シ居リタル合名会社豊平コンクリート工業所員Aヨリ判示中元歳暮ノ時期ニ於テ被告人ノ職務上従来為シタル行為ニ対スル謝礼並将来便宜ノ取計ヲ得度キ趣旨ノ下ニ名ヲ中元又ハ歳暮ノ贈答ニ藉リ一回ニ額面十円宛ノ商品券（上告趣意によれば、昭和六年八月から同九年八月まで七回、合計七枚―引用者註）ノ贈与ヲ受ケタリト云フニ在レハ斯クノ如キ利益ノ授受ハ一般社交的儀礼ノ範囲ヲ超ユルモノニシテ賄賂性ヲ否定スヘキニ非ス然レハ原判決カ判示事実ヲ認定シ之ヲ収賄罪ニ問擬シタルハ毫モ不法ニ非ス」

「按スルニ賄賂罪ノ法益ハ公務員ノ職務執行ノ公正ヲ保持スルニアレハ公務員カ一定ノ利益ニ関係ヲ有スルコトカ執務ノ公正ヲ疑フニ足ルヘキ事情ノ下ニ行ハレタリヤ否ニ依リテ賄賂罪ノ成否ヲ判断スヘキモノトナスヲ正当ノ見解ナリトス此ノ見地ニ基キ原判決カ判示行為ヲ贈賄罪ニ問擬シタル当否ヲ按スルニ被告人カ公務員タルA等ニ対シ工事請負ニ関シ同人等ノ職務上従来ナシ来リタル行為ニ対スル謝礼並将来好意アル取

計ヲ得度キ趣旨ノ下ニナサレタル判示中元又ハ歳暮名義ノ金品ノ贈与ノ如キハ其ノ価額ノ点ヨリ観察スルモ中元歳暮ノ一般社交上ノ儀礼ノ範囲ヲ超越スルモノト云フヘク斯ル不正ノ利益ヲ授受スルニ於テハ公務員ノ職務執行ノ公正ヲ疑フニ足ルヘキ事情存在スルモノト云フヘシ」（昭一一・七・一五新聞四〇二一・一三）。

まず、【102】の判例は、社交的儀礼と指揮監督者の許可の問題をとりあげたものである。当時、官吏服務紀律八条一項には「官吏ハ本属長官ノ許可ヲ得ルニ非サレハ其職務ニ関シ慰労又ハ謝儀又ハ何等ノ名義ヲ以テスルモ直接ト間接トヲ問ハス総テ他人ノ贈遺ヲ受ルコトヲ得ス」という規定があった。また、市町村吏員服務紀律四条二項にも、市町村吏員について、判旨記載のとおりの同趣旨の明文があった。そこで、これらの規定にいう贈遺と賄賂との区別が問題となったのである。この判例は、市町村吏員がその職務に関し受けた利益が社交的儀礼の範囲にぞくしないときは賄賂になるから、市町村吏員服務規律四条二項により指揮監督者の許可があっても、収賄罪が成立すると解した。このような結論に達する過程において、この判例は、「公務員ガ其ノ職務ニ関シ……利益ヲ受クルモ其利益ニシテ社交的儀礼ノ範囲ヲ出デザル部類ノモノナルトキハ之ヲ目シテ賄賂ナリト云フヘカラサル」ことをみとめたのであった。

さらに、【103】の判例は、賄賂罪の法益は公務員の職務執行の公正を保持することにあるから贈物が職務の公正を疑うに足るべき事情の下に授受されたのでないばあいには賄賂罪は成立しないと解している。そして、社交的儀礼の範囲にぞくする贈物は事情によって職務の公正が疑われるべき性質のものでないから、賄賂とならないとしているようである。もっとも、この判例は、右のような贈物が職務に関するばあいでも、同じことがいえるとは明言していない。しかし、もし贈物が職務に関しないときは問題がおきる余地がないのであるから、前述の見解は、贈物が職務に関することを前提としているとみることができよう(谷口・前掲二二頁参照)。

このように、【102】【103】の判例は、【99】―【101】の系列にぞくする判例とはやゝ、異った考え方を示している。しかし、【102】【103】は、いずれも、具体的事案については賄賂罪の成立をみとめている判例である。そして、【102】は、指揮監督者の許可と賄賂の問題をとりあげた判例であり、【103】の判例の内容は、かならずしも明確とはいえない。したがって、これらの判例の見解は、判例の主流を占めるものとはいえないであろう。

なお、指揮監督者の許可を受けてなした収賄の問題について、美濃部博士は、【102】の判決の趣旨を正当とされて、つぎのようにいわれる。「服務紀律に依る監督者の許可は、官公吏に対する職務上の監督処分であって、其の効果は唯官公吏の職務上の義務に関して存するに止まる。許可を要する行為を許可を受けずして為したとしても、唯職務上の義務違反たるに止まり、犯罪とは何等の関係も無いと同時に、犯罪たるべき行為であれば、仮令監督者の許可を受けたとしても、犯罪たる性質を失うものではない」(公務員賄賂罪の研究一一四頁)。この見解は、原則としては正当であろう。ただし、監督者の許可を受けたことが、行為の違法性を阻却させることもありうるのではなかろうか。

(二)　つぎの判例【104】は、贈与の公然性と社交的儀礼との関係にふれている。すなわち、金員を一場の儀式の下に公然と記念品料として贈呈され、被告人の上司が代って他の数名分と共にこれを受領し、式後被告人に手交されたものであるとしても、右金員は賄賂たる性質を失わず、社交的儀礼としての贈与として許されるものではないとしている。

【104】「なお所論の金五千円は、被告人が東京都豊島区役所教育課学事係長としての職務に関し、所論小学校建設促進に尽力した謝礼として同建設促進委員長から贈与されたものであり、その賄賂であることは原判決の判示するところである。そしてたとえ所論のように右金員が、区役所内区議会副議長室において一場の儀式の下に右委員長から公然と記念品料として贈呈され、被告人の上司たる教育係長が代って他の数名分と共にこれを受領し、式後被告人に手交されたものであるとしても、該金員の実質はあくまで公務員として収受すべきものでない賄賂たる性質を失うものではなく、所論のように一般社会的儀礼的贈与として許されるべき限りでないことは論をまたない。」（最決昭三〇・六・二二刑集九・七・一一七九〔研究〕城富次・解説一七二頁）。

学説のうちには、賄賂と社交的儀礼としての贈物とを区別する一つの標準を、公然性の有無に求める見解がある（美濃部・公務員賄賂罪の研究一一五頁、後出一三六頁に引用）。しかし、この判例は、公然と贈呈されたばあいも賄賂となると判示したのである。なお、本件では、上司の許可があったことも問題となりうる。判例は、この問題を正面からとりあげていないが、おそらく、上司の許可も、賄賂たる性質を変えないと解したのであろう（【102】の判例参照）。

二　学説の見解

学説は、社交的儀礼と賄賂の限界を、どのように考えているであろうか。

まず、小野博士は、「賄賂は報酬であるから、職務に関する行為に対する対価という関係が認められなければならぬ」とされたのち、「報酬と見ることのできない季節の贈答、感謝の贈物の如きは賄賂ではない。勿論、其が一般社交上の儀礼と見られる範囲を超えるときは賄賂となる」と説かれる(新訂刑法講義各論五六頁)。谷口判事は、小野博士のこの見解をわが国の通説とされて、この見解は「一般社交上の儀礼の範囲に属する贈遺は職務に関するものであっても報酬といえないから賄賂でないというのである」から、「その報酬の概念を明確にしない限り、社交上の儀礼の範囲に属する贈遺は賄賂罪の客体とならぬというだけのことであって、その理由づけを求めるわれわれの疑問はなお解決されないわけである」といわれる(谷口・前掲二三―二四頁)。しかし、小野博士は、すでに引用したように、報酬の概念を「職務に関する行為に対する対価という関係」の意味に用いておられる。したがって、博士は、賄賂と社交的儀礼としての贈物との基本的区別を、職務に関する行為に対する対価とみられるか否かに求めておられるといえよう。このような趣旨は、博士が、「一般社交上の儀礼に属する贈物は賄賂とはいへないが、その範囲を超えて、報酬的性格を帯びる場合には賄賂となる」(刑法概論昭三一・二二三頁)と説明されるとき、より明白になる。したがって、博士の見解は、(1)の系列にぞくする判例の考え方に近いといえよう。ただ、博士は、右の対価関係がみとめられれば、もはや社交的儀礼の問題が全くおきる余地がないとは解されていないのではなかろうか。

つぎに、美濃部博士は、「職務に関する贈物で賄賂たる性質を有しないもの」のあることをみとめられて、それと、「賄賂として犯罪を構成すべきものとを区別すべき標準は、正確にこれを定むることは困難であるが、それは判決(【102】の判決―引用者註)に謂って居る如く、社会通念に於いて社交上の儀礼として認めらるる範囲に属するや否やに依ってこれを定むるの外は無い。」とされる。そして、さらに続けて、

「多年県知事の職に在って県政上多大の功績の有った者に対し県民から其の功績を表彰し感謝の意を表する為めの贈物をなし、教授在職二十五年に達したことの祝意を表する為めに其の教を受けた者が祝賀の宴を開いて饗応接待を為し、戦場に在る将士の労を慰むる為めに慰問袋を贈呈するが如き、何れも職務に関する贈遺たるには相違ないが、賄賂たる性質を有するものではないことは、固より疑を容れぬ。これを賄賂と区別すべき一の重要な標準は、賄賂は公然の性質を有せず、秘密性を有する私的交渉に属するに反して、職務に関する適法な贈遺は概して公然の性質を有することに在るが、これのみを以って両者を区別する標準とは為し難く、要するに健全な社会的常識に依ってこれを判断するの外は無い」といわれる(公務員賄賂罪の研究一一五頁)。博士の見解は、職務に関する贈物であっても、それが社会通念において社交上の儀礼としてみとめられる範囲に属するものは賄賂といえないというのであるから、判例の(2)の系列とおなじ理論構成をとる。さらに、宮本博士は、「賄賂は違法な報酬であるから、職務行為に対する報酬であっても、法令上認められた各種の手数料の如き、或は専ら慣習上承認されている感謝、記念、表彰等の為め又は季節の見舞、挨拶等の為めの贈答の金品であって程度を超えないものの如きは賄賂ではない」とされる(刑法大綱五二〇頁)。この見解も、判例の(2)の系列とおなじ思考を示しているが、「職務行為に対する報酬であっても」賄賂とならないばあいを明白にみとめる点で、より一歩徹底しているといえよう。博士は、賄賂は違法な報酬であるから、社交的儀礼の程度をこえない程度の贈物は、たとえそれが報酬的性格をもっていても、違法なものとはいえず、構成要件要素としての「賄賂」の概念にあたらないとされるのであろう。

ところで、社交的儀礼としての贈物と賄賂との区別は、まず、それが職務行為に対する対価とみられるか否かに求められるべきであろう。したがって、その区別をより明白にするためには、職務行為に対する対価という関係を、さらに分析してみなければならない。それには、まず、この職務行為に対する対価という関係と職務上の生活関係にともなうにすぎないばあいとが区別されなければならない。後者は、たとえば、上司同僚友人らの餞別のようなものであって、職務上の生活関係を前提としてなされる点で、純粋の私生活にともなうものとはいえないであろう。しかし、これらの贈物は、職務生活に関するという意味をもつだけであって、職務行為に対する対価という関係にあるものではない（谷口・前掲二五頁、伊達・前掲二五頁参照）。

つぎに、職務行為に対する対価関係とは、職務行為に対して反対給付をなすという行為者の意思がともなうものでなければならない。したがって、師弟間の贈物、記念品の贈呈のようなばあいについて考えると、一方に職務行為があることは否定しえないとしても、贈与者には、その職務行為に対する反対給付の意思はなく、もっぱら教師の人格そのものに対する敬慕の念のみから贈物がなされるとすれば、両者の間には対価関係があるとはいえないであろう（谷口・前掲二五頁参照）。

以上の二点からみて、職務に関する行為に対する対価という関係がみとめられない贈物は、社交的儀礼にぞくする贈物であって、賄賂とはいえない。

ところで、以上の点からみて対価的報酬とみとめられるが、慣習上承認された社交的儀礼の範囲をこえないときは、問題がのこる。たとえば、父兄から教師に対して贈られた中元等には、教師の人格に対する敬慕の念のほかに、子弟の教育についてよろしく頼むという趣旨がふくまれていることがあろう。このようなばあいは対価的報酬としての性格を否定しえないであろうが、どのように理解すべきであろうか。これは、極めて困難な問題である。おそらく、右のような贈物が、今日の社会意識において慣習的に承認されている限度のものであり、また、職務の公正を害するおそれがないとみとめられるときは、不法な報酬とはいえないのではなかろうか（伊達・前掲二二五頁参照）。したがって、「賄賂」の概念にあたらないのではなかろうか（このばあい、公務の種類・公務員の地位・供与された利益の価額と性質などが、社会一般の慣行とともに考慮されるべきです。）。かりにもし、その贈物が「賄賂」になると解しても、右のような事情の存在が行為の違法性を阻却することがありうることは否定できないであろう（谷口判事は、このばあい行為の違法性が阻却されるという見解をとられる。前掲二二五頁。そして、「賄賂は職務行為に対する報酬であると説明すれば足りるのであって、違法な報酬という場合の違法ということは職務行為に対するというと同義語、若しくは単なる修辞文句に過ぎないのではないか」といわれる。前掲二二四頁）。

このようにみてくると、(1)の系列にぞくする判例が、職務に関するかぎり、社交的儀礼として賄賂罪の客体とならない贈物の存在する余地がないように解しているのは妥当ではない。また(2)の系列にぞくする判例が、職務行為に対する対価であるか否かを慎重に考察することなしに、社会通念によって、社交的儀礼としての贈物をみとめるような考え方を示している点にも疑問が残る（もっとも、これらの判例は、具体的事案については、収賄罪の成立をみとめているのであるから、その点については詳細な判示をしなかったとも解しうる）。

なお、社交的儀礼と賄賂との関係にふれている下級審判例として、東京地判昭三二・四・八判例時報一一七・二〇、東京地判昭三三・七・一第一審刑事裁判例集一・七・九八一等がある。

高等裁判所判例

地方裁判所判例

簡易裁判所判例

判 例 索 引

大審院判例

最高裁判所判例

著 者 紹 介

内《ない》 藤《とう》 謙《けん》 東京都立大学助教授

総合判例研究叢書 刑 法(14)

昭和 35 年 6 月 25 日 初版第 1 刷印刷
昭和 35 年 6 月 30 日 初版第 1 刷発行

著作者 内 藤 謙

発行者 江 草 四 郎

印刷者 田 中 忠

東京都千代田区神田神保町 2 ノ 17

発行所 株式会社 有 斐 閣

電 話 九 段 (331) 0323・0344
振 替 口 座 東 京 3 7 0 番

印刷・大日本法令印刷株式会社 製本・稲村製本所

総合判例研究叢書 刑法(14)
(オンデマンド版)

2013年2月1日　発行

著　者　内藤　謙
発行者　江草　貞治
発行所　株式会社 有斐閣
〒101-0051　東京都千代田区神田神保町2-17
TEL　03(3264)1314(編集)　03(3265)6811(営業)
URL　http://www.yuhikaku.co.jp/

印刷・製本　株式会社 デジタルパブリッシングサービス
URL　http://www.d-pub.co.jp/

AG514

ISBN4-641-91040-5　Printed in Japan